本书系国家社科基金重大研究专项"'一带一路'沿线国家信息数据库"(项目批准号:17VDL001)成果。

国家智库报告 2020（4）
National Think Tank
人大国发院·国别研究系列

"一带一路"能源资源投资评估报告

ASSESSMENT ON THE BRI ENERGY RESOURCE INVESTMENT

刘旭 主编

中国社会科学出版社

图书在版编目(CIP)数据

"一带一路"能源资源投资评估报告/刘旭主编．—北京：中国社会科学出版社，2020.1

（国家智库报告）

ISBN 978-7-5203-5869-9

Ⅰ.①—⋯ Ⅱ.①刘⋯ Ⅲ.①"一带一路"—动力资源—投资分析—研究报告—世界 Ⅳ.①F416.2

中国版本图书馆 CIP 数据核字（2019）第 292302 号

出 版 人	赵剑英
项目统筹	王 茵
责任编辑	喻 苗　李凯凯
责任校对	王 龙
责任印制	李寡寡

出　　版	中国社会科学出版社
社　　址	北京鼓楼西大街甲 158 号
邮　　编	100720
网　　址	http://www.csspw.cn
发 行 部	010-84083685
门 市 部	010-84029450
经　　销	新华书店及其他书店

印刷装订	北京君升印刷有限公司
版　　次	2020 年 1 月第 1 版
印　　次	2020 年 1 月第 1 次印刷

开　　本	787×1092　1/16
印　　张	8.25
插　　页	2
字　　数	85 千字
定　　价	48.00 元

凡购买中国社会科学出版社图书，如有质量问题请与本社营销中心联系调换
电话：010-84083683
版权所有　侵权必究

"人大国发院·国别研究系列"
编委会

编委会主任 刘元春

编委会副主任 严金明　时延安　岳晓勇

编委会成员（排名不分先后）

　　杨光斌　时殷弘　陈　岳　金灿荣　宋新宁

　　蒲国良　陈新明　关雪凌　黄大慧　张勇先

　　金　鑫　杨　恕　王　振　戴长征　孙壮志

　　王逸舟　陈志瑞

《"一带一路"能源资源投资评估报告》
编　委　会

主　　编　刘　旭
首席专家　许勤华
技术顾问　蔡　林
成　　员　倪晨昕　项启昕　左佳鹭　王　韫
　　　　　　张冰蟾　陈炳旭　殷　鹏　马　骞
　　　　　　姚　曳　刘嘉月　黄艳昌　董启民
　　　　　　许春秀

总　　序

许勤华*

中国人民大学国家发展与战略研究院"一带一路"研究中心集中国人民大学国际关系学院、经济学院、环境学院、财政金融学院、公共管理学院、商学院、社会与人口学院、哲学院、外国语学院和重阳金融研究院的相关人文社科优势学科团队，由许勤华教授、陈甬军教授、王义桅教授、王文教授、戴稳胜教授和王宇洁教授六位首席专家领衔，与中心其他成员共二十位研究员一起，组成了中国人民大学国家高端智库领导下的全校"一带一路"研究的整合平台和跨学科研究团队。

团队围绕"一带一路"建设与中国国家发展、"一带一路"倡议对接沿线国家发展战略、"一带一

---

* 许勤华，项目执行组长，中国人民大学国际关系学院教授，中国人民大学国家发展与战略研究院副院长、"一带一路"研究中心主任。

路"倡议与新型全球化、"一带一路"倡议关键建设领域四大议题（基础设施投资、文明互鉴、绿色发展、风险治理、区域整合）展开研究。致力于构建"一带一路"沿线国家信息数据库，并在大数据基础上，深入分析沿线国家政治、经济、社会和环境变化，推出"一带一路"智库丛书年度国别系列，为促进"一带一路"建设夯实理论基础、提供政策制定的智力支撑。国别报告对"一带一路"沿线关键合作的64个对象国进行分类研究，规划为文化系列、安全系列和金融系列三类。

习近平主席倡导国与国之间的文明互鉴，强调了文化共融是国际合作成败的基础，深入了解合作国家的安全形势是保障双方合作顺利的前提，资金渠道的畅通是实现"一带一路"建设共商、共建、共享的关键。鉴于目前中国面临世界百年未有之大变局，"一带一路"倡议面临着巨大的机遇与挑战，因此我们首先完成国别研究的安全系列，希冀为"一带一路"合作保驾护航。在国家社科基金重大项目"'一带一路'沿线国家信息数据库"（项目组长为刘元春教授）完成后，数据库将在条件成熟时，尝试以可视化形式在国发院官网呈现。这也是推出国别报告正式出版物的宗旨。国发院积极为国内外各界提供内部政策报告以及产学研界急需的社会公共研究产品，是中国人民大学作为"世界一流大学"为国家社会科学建设贡献的一分力量。

感谢全国哲学社会科学工作办公室的信任，感谢项目其他两个兄弟单位上海社会科学院和兰州大学的协作，三家在"一带一路"建设重大专项国别和数据库项目研究中通力合作、充分交流，举办了各类学术交流活动，体现了在全国哲学社会科学工作办公室领导下一种成功的、新型的、跨研究机构的合作研究形式，中国人民大学能够作为合作研究的三家单位的秘书处单位深感荣幸。

前　言

"一带一路"倡议作为中国首倡、高层推动的国家战略，其成败关乎中国国家昌盛、民族复兴，同时对沿线国家及相关地区的繁荣与稳定也有着重大作用。基于中国与"一带一路"沿线国家之间能源资源禀赋的差异性，能源成为"一带一路"倡议实施的重中之重。通过合作投资既可加强"一带一路"沿线国家的能源安全、减少地区能源贫困、改善地区人民生活质量，也可为中国与沿线国家开展其他合作奠定坚实基础。

"一带一路"倡议提出以来，对沿线国家投资的风险研究成为学术界关注的重点，相继出现了不同维度和不同视角的风险研究成果。然而，针对能源领域的投资，特别是从政治角度对风险进行定义和分析的研究尚未出现。因此，本报告在研究对象和分析视角风险方面具有较高的创新意义。本报告在充分参考迄今已有的具有权威意义的风险研究和分析方法的基础上，提出了"广义政治风险"的概念，针对"一带一路"沿线国家的能源投资进行分析，创建"一带一路"能源资源投资政治风险指数，并根据指数计算结果对沿线国家的安全状况作出评估。

报告编写组希望通过本报告的发布，提高社会各界对"一带一路"沿线国家能源资源投资的政治风险的重视程度，提升风险防范意识；在进行能源投资时，进行充分论证和科学决策，将风险降至最低，从而提高投资效率，促进"一带一路"倡议的顺利实施。

摘要：1. 基于中国与"一带一路"沿线国家之间能源资源禀赋的差异性，能源合作投资既可以加强"一带一路"沿线国家的能源安全、减少地区能源贫困、改善地区人民生活质量，也可以为中国与沿线国家开展其他合作奠定坚实的基础。故能源成为"一带一路"倡议实施的重中之重。

2. 有投资就有风险，能源投资金额相对较大，在所有风险中政治风险最不可量化和把控，投资往往会因此而血本无归，使合作双方的良好愿望付之东流，且易引发国家间纠纷。

3. 广义的政治风险考虑到政治、经济、社会与生态环境之间是互动的关系，某一方面的变化，都会引起政局的变化，甚至是动荡。因此，本报告所研究的政治风险包括政治、经济、社会与生态环境在内的复杂、多因素变化所产生的不确定性，分为高政治风险和低政治风险。

4. 报告认为能源资源投资低政治风险国家为3个，分别是新加坡、阿联酋、文莱。较低政治风险国家为20个，分别是马来西亚、卡塔尔、沙特阿拉伯、哈萨克斯坦、科威特、阿曼、捷克共和国、罗马尼亚、波兰、越南、蒙古国、爱沙尼亚、印度尼西亚、俄罗斯、以色列、泰国、克罗地亚、斯洛文尼亚、格鲁吉亚、拉脱维亚。中等政治风险国家为30个，分别是斯洛伐克、塞尔维亚、匈牙利、约旦、菲律宾、土耳其、立陶宛、白俄罗斯、老挝、土库曼斯坦、印度、保加利亚、吉尔吉斯斯坦、阿塞拜疆、斯里兰卡、伊朗、波黑、巴基斯坦、乌克兰、柬埔寨、阿尔巴尼亚、北马其顿、伊拉克、缅甸、黑山、乌兹别克斯坦、亚美尼亚、埃及、巴林、孟加拉国。较高政治风险国家为7个，分别是塔吉克斯坦、尼泊尔、黎巴嫩、东帝汶、摩尔多瓦、不丹、马尔代夫。高政治风险国家为4个，分别是也门共和国、叙利亚、巴勒斯坦、阿富汗。

5. 通过对比2018年和2019年的指数计算结果，2019年高风险和较高风险国家减少，低风险、较低风险国家均有所增加。从区域来看，较高风险投资地区未变，仍是南亚、西亚北非以及独联体国家，中东欧和东南亚的投资风险仍然较低。

关键词："一带一路"沿线国家；能源资源；投资风险

Abstract: 1. Based on the differences in energy resource endowment between China and countries along the Belt and Road (i. e. the Silk Road Economic Belt and the 21st-Century Maritime Silk Road), energy investments can not only strengthen energy security, reduce regional energy poverty and improve people's quality of life in the region, but also lay a solid foundation for other cooperation between China and the countries along the way. Therefore, energy has become the top priority in the implementation of the strategy of "the Belt and Road".

2. Where there is investment, there is risk. Political risks are the most unquantifiable and uncontrollable among all risks. Therefore, sometimes investment will lose its capital, which will make good will for bilateral cooperation in vain, and easily lead to inter-state disputes.

3. Generalized political risks take into account of an interactive relationship among political, economic, social and ecological environment. Changes in any one aspect can lead to changes in political situation and even turbulence. Therefore, the political risks in this report include political, economic, social and ecological environment, and the uncertainties arisen from complex changes in multiple factors, which are divided into "high political risks" and "low polit-

ical risks".

4. This report argued that there are 3 countries with low-level political risks for investment, which are Singapore, United Arab Emirates and Brunei. There are 20 countries with less low-level investment risks, which are Malaysia, Qatar, Saudi Arabia, Kazakhstan, Kuwait, Oman, Czech Republic, Romania, Poland, Vietnam, Mongolia, Estonia, Indonesia, Russia, Israel, Thailand, Croatia, Slovenia, Georgia, Latvia. There are 30 countries with middle-level investment risks, which are Slovakia, Serbia, Hungary, Jordan, Philippines, Turkey, Lithuania, Belarus, Laos, Turkmenistan, India, Bulgaria, Kyrgyzstan, Azerbaijan, Sri Lanka, Iran, Bosnia and Herzegovina, Pakistan, Ukraine, Cambodia, Albania, Macedonia, Iraq, Myanmar, Montenegro, Uzbekistan, Armenia, Egypt, Bahrain, Bangladesh. There are 7 countries with less high-level investment risks, which are Tajikistan, Nepal, Lebanon, Timor-Leste, Moldova, Bhutan, and Maldives. There are 4 countries with high-level investment risk, which are the Republic of Yemen, Syria, Palestine and Afghanistan.

5. Compared with the assessment in 2018, the numbers of countries with low-level and less low-level investment risks are rising, while the numbers of countries with

high-level and less high-level investment risks are declining. In terms of region, investment risks in South and West Asia, North Africa, as well as CIS Countries keep within less high level, while the investment risks in East and South Europe and South-east Asia are still low.

Key Words: The Belt and Road Countries, Energy Resources, Investment Risks

目　录

一　政治风险的界定和计算方法的评价 …………（1）
　（一）政治风险的界定 ………………………（2）
　（二）国内外风险指数的研究与计算方法 ……（7）

二　"一带一路"能源资源投资政治风险指数的
　　设计与计算 ………………………………（20）
　（一）"一带一路"能源风险指数的设计 ……（20）
　（二）"一带一路"能源风险指数的计算 ……（36）

三　"一带一路"能源资源投资政治风险
　　评估 ………………………………………（44）
　（一）"一带一路"能源风险指数的
　　　　评估结果和分析 ………………………（44）
　（二）分维度分析 ……………………………（52）

一 政治风险的界定和计算方法的评价*

在经济全球化的时代背景下，对外投资已经成为新常态。投资就有风险，因此，对投资的风险评估就成为规避风险的重要手段之一。风险评估的指标一般是风险评级。世界银行《2003年世界发展指标》报告指出："风险评级可能是极其主观的，它反映的是外部的感性认识。因此，并不总能把握一国的实际情况。但是，这些主观的感性认识则是决策者所面对的真实情况。未经信用风险评级机构评级的国家，一般来说吸引不到注册的私人资本。"① 同时，对所在国的其他投资也面临着巨大的风险。无论是国际还是国内，对投

---

* 本报告是首席专家主持的国家社科基金重大研究专项"推动绿色'一带一路'建设研究"（18VDL009）、国家社科基金一般项目"新时代中国能源外交战略研究"（18BGJ024）的阶段性成果。

① 世界银行：《2003年世界发展指标》，中国财政经济出版社2005年版。

资的风险评估研究都极为重视。中国正在成为对外投资大国，能源对外投资合作更是重中之重。① 在"一带一路"沿线国家之中，各国的国情差别很大，能源合作面临的风险种类很多，首要的是政治风险。

（一）政治风险的界定

政治风险是一个宽泛且模糊的概念，目前学术界尚未给出公认而统一的定义，但中国已有学者将政治风险评述的代表人物及其代表论述进行了整理。②

20 世纪 50 年代，美国学者最先提出"政治风险"这一概念，主要用来反映企业被东道国政府国有化的现象。例如，1953 年，墨西哥将铁路、石油、香蕉种植园收归国有；1956 年，埃及从英法两国的公司手中收回苏伊士运河公司；1960 年，古巴宣布工业国有化；1969 年，秘鲁征用标准石油公司股份，1973 年，征用赛罗公司股份。③ 在上述背景下，许多学者开始对

---

① Qinhua Xu, William Chung, "Risk Assessment of China's Belt and Road Initiative's Sustainable Investing: A Data Envelopment Analysis Approach", *Economic and Political Studies*, 2018, 6 (3).
② 黄河：《中国企业跨国经营的政治风险：基于案例与对策的分析》，《国际展望》2014 年第 3 期。
③ 吴玉春、王静、刘自学：《采掘业跨国经营的政治风险管理》，《经营与管理》2012 年第 11 期。张萍：《中国企业对外投资的政治风险及管理研究》，上海社会科学院出版社 2012 年版。

政治风险进行研究。起初，对政治风险概念的研究主要集中于政府行为给企业带来的影响。

鲁特（Franklin R. Root）认为，政治风险就是在国内或国外发生的能够引起国际商业运作的利润潜力和（或）资产损失的政治事件的可能性，如战争、革命、政变、没收、征税、交易限制和进口限制等。

政治风险至少包括四个要素：不连续性——发生在商务环境中的激烈变化；不确定性——难以预测这种变化；政治压力——来自于政府及其他政治实体；商务影响——对公司利润及其他目标的可能影响。[①]

在罗博克（Stefan H. Robock）看来，国际投资和国际经营中的政治风险产生于由政治变化带来的经营环境中出现的难以预料的不连续性。经营环境中的这些变化必须在对某家企业的利润或其他目标有重大影响的潜在可能性时才构成"风险"。[②]

柯布林（Stephen J. Kobrin）主张从两个方面来定义政治风险，一是根据政府或主权国家的干预行动来定义政治风险。这一概念与东道国政府的政治活动对私人商业企业的所有不适意结果有关，表现为没收、现金返还、对商业交易的限制等；二是将政治风险等

---

① Franklin R. Root, "U. S. Business Abroad and Political Risks", *MSU Business Topics*, Winter 1968, pp. 73 – 80.

② Stefan H. Robock, "Political Risk Identification and Assessment", *Columbia Journal of World Business*, Vol. 6, No. 4, July-August 1971, p. 7.

同于任何强加给企业的政治事件的发生,如暴力、恐怖主义以及游击队活动等。[①]

20世纪70年代末以后,政治风险的研究视角有两个新的发展:一是由政府的直接和极端行为转向更加多样的限制性措施;二是日益重视政府以外的力量。杰弗里(Simon Jeffrey)将政治风险定义为:"政府的或社会的行动与政策,起源于东道国内部或外部,负面影响一个选定的团体或大多数外国商业运作与投资。"[②] 肯尼迪(C. R. Kennedy, Jr.)从更广义的角度来定义政治风险,涉及影响企业盈利的宏观经济社会政策(财政、货币、贸易、投资、产业、收入、劳工及发展),政府的非市场因素与政治不稳定性(恐怖主义、暴乱、政变、内战和起义等)引起的超法律(Extra Legal)政治风险。[③]

丁(Wenlee Ting)则认为,政治风险是影响企业既定经营结果(收入、成本、利润、市场份额、经营的连续性等)的非市场不确定性或变化,这可能来源于

---

① Stephen J. Kobrin, "When Does Political Instability Result in Increased Investment Risk?" *Columbia Journal of World Business*, Vol. 13, No. 2, Fall 1978, pp. 113–122.

② Simon Jeffrey, "Political Risk Assessment: Past Trends and Future Prospects", *Columbia Journal of World Business*, Vol. 17, No. 2, Fall 1982, pp. 62–71.

③ C. R. Kennedy, Jr., "Political Risk Management: A Portfolio Planning Model", *Business Horizons*, Vol. 31, No. 6, 1988, pp. 27–33.

东道国政治、政策、外汇制度的不稳定性。①

兰斯克（R. Lensik）将政治风险定义为在政治、社会和经济环境中存在的不确定性，他认为政治风险研究的是社会中政治和经济实体关系的不确定性。政治风险是一种政治力量引起的经济生活变化，后者对公司的经济活动造成负面影响。②

菲茨帕特里克（Mark Fitzpatrick）将其他学者对政治风险的27种定义做了分析，并将其归纳为三类：根据第一类定义，政治风险产生于政府和国家主权的行为，这些行为对企业造成有害的后果；在第二类定义中，政治风险是指政治事件或限制对特定行业或特定企业产生影响；第三类定义认为，政治风险由环境的不确定性产生。③

进入21世纪，经济全球化的兴起为跨国公司的生产和经营提供了新的环境。特别是世界各国发展经济和改善人民生活水平的渴望使得以革命、大规模内战、政变、没收、征用、国有化和冻结等为代表的传统极

---

① Wenlee Ting, "Multinational Risk Assessment and Management: Strategies for Investment and Marketing Decisions", *The International Executive*, Vol. 20, No. 2, 1988, pp. 31–33.

② R. Lensink, "Capital Flight and Political Risk", *Journal of International Money and Finance*, Vol. 19, No. 1, 1999, pp. 73–92.

③ Mark Fitzpatrick, "The Definition and Assessment of Political Risk in International Business: A Review of the Literature", *Academy of Management Review*, Vol. 8, No. 2, 1983, pp. 249–254.

端性政治风险逐步减少（此类政治风险往往发生在经济落后、发展不平衡的发展中国家），而为了维护本国的民族利益，以东道国政策的变化、资源保护、经济和政治报复、文化差异、第三国干预、民族主义和宗教矛盾、各国内部利益集团和非政府组织的政治参与等为主的非极端型政治风险则日益成为主流。这类风险在发展中国家和发达国家都存在。①

新形势下的政治风险研究视角有两个新的观点：一是认为导致政治风险的多种因素之间存在相互作用的关系。例如，关税的变化引起产业生存环境的变化，导致罢工和社会骚乱，进而影响公司的正常经营活动；二是认为政治风险因素随着时间的变化以及国内外政治、经济环境的变化而变化。有研究者认为，所谓跨国公司的政治风险是指由于东道国与母国（甚至第三国）政治、经济、安全等关系发生变化、东道国政治和社会的不稳定性以及政策变化而导致的跨国公司跨国经营活动和价值受影响的可能性。②

此外，不确定性的增加、非传统商业的兴起，以及如恐怖主义、腐败、气候变化和全球变暖等社会、生态环境危机的加剧，使得政治风险的内容更加复杂

---

① 钞鹏：《对外投资的政治风险研究综述》，《经济问题探索》2012年第11期。
② 张贵洪、蒋晓燕：《跨国公司面对的政治风险》，《国际观察》2002年第3期。

和多变。①

总体而言，政治风险有狭义的政治风险和广义的政治风险之分。一般来说，狭义的政治风险是因投资者所在东道国政治环境发生变化、政局不稳定、政策法规发生变化给投资者带来经济损失的可能性。而广义的政治风险则考虑到政治、经济、社会与生态环境之间是互动的关系，某一方面的变化，都会引起政局的变化，甚至是动荡。因此，广义的政治风险应该包括政治、经济、社会与生态环境在内的复杂、多因素变化所产生的不确定性。

（二）国内外风险指数的研究与计算方法

政治风险指数的设计与计算建立在对一般风险指数方法的继承与批判的基础之上。因此，本节主要对国内外风险指数的研究以及计算方法进行分析和评价。

1. 国外的风险指数研究与计算方法

风险指数是对风险的半定量测评，是利用顺序标度的记分法得出的估算值。风险指数可以用来对使用

---

① Michael Hough, Anton Du Plessis, George P. H. Kruys, *Threat and Risk Analysis in the Context of Strategic Forecasts*, Pretoria: University of Pretoria, Institute for Strategic Studies, 2008, p. 6.

相似标准的一系列风险进行评分，以便对风险进行比较，进而对风险做出预警和应对。

目前，世界上已经有许多权威性的专业风险评估机构，对国家主权、政治、经济、军事、社会安全状况进行评估。典型的如：标准普尔（Standard & Poor's）、穆迪指数（Moody's）、惠誉指数（Fitch's）、世界银行的世界治理指数（WGI）、商务环境风险指数（BERI、NSE）、经济学人指数（EIU）等。①

（1）世界银行世界治理指数（WGI）

自20世纪90年代以来，发展领域的研究者和实践者密切关注政府治理质量对经济发展的影响。针对治理质量测量的诸多指标被不断创建出来，据估计，"可供用户使用的综合治理指标大约有140种及数千个单项指标"。在所有的指标中，世界银行开发的世界治理指数（Worldwide Governance Indicators，WGI）被认为是当前诸多治理定量研究中严谨度高、影响力大、使用面广的综合指标之一。②

WGI的指标主要包括6个方面：表达与问责制

---

① 李海彬等：《国家风险产品简介及比较分析》，《中债资信评估有限责任公司专题报告》2013年第61期，http://www.docin.com/p-764340281.html。

② 藏雷振：《治理定量研究：理论演进及反思——以世界治理指数（WGI）为例》，《国外社会科学》2012年第4期，http://www.ems86.com/touzi/html/?25364.html。

（Voice and Accountability）；政治稳定性、暴力与恐怖主义（Political Stability and Absence of Violence/Terrorism）；政府有效性（Government Effectiveness）；管制质量（Regulatory Quality）；法治（Rule of Law）；腐败控制（Control of Corruption）。

（2）商务风险评估指数

商务风险评估指数是针对投资类型的不同和风险来源的不同，所衍生出的不同评分体系，其评分方法和标准各不相同，但其开发的评分系统和排名方式运用广泛。以下将简略介绍世界上较为知名的专门研究评分和排名体系的公司，并相互比较各自优劣。①

Ⅰ. Business Environment Risk Intelligence（BERI）

商务环境风险指数（Business Environment Risk Intelligence，BERI）在1966年由汉厄（Haner）所创立。汉厄本人是政治国家风险评估的开拓者之一，当时在美国水泥公司负责国际商务往来活动，BERI也由此诞生。BERI指数涵盖超过50个国家，每三年统计计算一次，其最早数据可追溯至20世纪70年代中期，是较为连续且历史最长的风险指数之一。BERI有四种评分方式，即政治风险指数（Political Risk Index，

---

① Michel Henry Bouchet, *Country Risk Assessment: A Guide to Global Investment Strategy*, Chapter 5 Assessment Methodologies: Ratings model, Duke University, 2003.

PRI)、运营风险指数（Operations Risk Index，ORI）、外汇支付能力指针（Remittance and Repatriation Factor，R Factor）以及由三者组成的综合分数（Composite Score）。该指数对以上四种指数进行现行情况的估算及未来五年的预测。其中，PRI 和 ORI 是由 BERI 团队的分析师运用德尔菲法（Delphi method）管理和执行计算的。

Ⅱ. Nord Sud Export（NSE）

NSE 国家评分涉及 100 个发展中国家，从 1982 年开始每年统计一次。NSE 提供了两种互补类型的排名，一种是机会指数，评估外国投资者的市场潜力，另一个是传统的国家风险指数，从主权金融风险、金融市场风险、政治风险和商务环境风险共四方面计算，由涉及共 60 个变量的加权平均所得，且对应参数均有独自标准。NSE 强调估算过程尽可能客观，为此，他们拒绝使用专家团队评分，主要来源于数量标准（60 个变量中，43 个是如此操作的）；余下的 17 个变量数值是基于严格的评分网格进行操作以降低主观性的成分。

（3）美国纽约国际报告集团编制的风险分析指标

PRS 集团（政治风险顾问公司，Political Risk Services，PRS）开发了政治风险服务（PRS）和国际国家风险指南（ICRG）两种评分体系。

Ⅰ. 政治风险服务（Political Risk Services，PRS）①

PRS涵盖100个国家，且相关数据进行每季度更新。该公司提供为期18个月或5年的国际商务风险预测。PRS方法来源于基于Prince模型的Coplin-O'Leary评分系统，这可被视为一种改进的德尔菲法。PRS通常由三位来自完全不同背景的专家对每个国家进行评价，根据投资本质分别考虑三种风险：财政转移风险（本币外币的汇率转换和支付能力）；对外直接投资风险（任何海外资产的直接控制）和出口风险（出口商面对的风险和困难）。专家以17个变量的时间序列衡量现在的风险程度或当前受限程度，且此类风险因素以18个月为期或以5年为期进行预测。

Ⅱ. 国际国家风险指南（International Country Risk Guide，ICRG）②

ICRG与PRS是类似的，共涉及140个国家，包括对现状、1年和5年的预测分析，从政治、经济、金融三大类别展开，并根据以上三大类风险得出综合风险。因此，ICRG共包含四种风险类型。

其中，政治风险衡量国家的稳定性，将定性信息通过一系列预设问题转换为数字分数，包含12个社会

---

① Political Risk Services, http://www.prsgroup.com/.
② 危俊：《国际主流政治风险评估机制经验借鉴》，《金融经济》2012年第8期。

和政治要素。其分数范围为0—100分。低于50分为极高风险;50—59.9分为高风险;60—69.9分为中等风险;70—79.9分为低风险;80—100分为极低风险。

(4) 经济学人指数(The Economist Intelligence Unit,EIU)

EIU方法主要基于专家对一系列预设定性和定量问题的答案,分为政治风险(22%)、经济政策风险(28%)、经济结构风险(27%)和流动性风险(23%)四大方面,并由此加权平均为综合风险评分指数。其满分值为100分,当评分越高时,其风险性亦越高。除宏观层面数据评分以外,EIU还开发了其他更多的投资层面具体微观风险评分(如货币风险、主权债务风险、银行领域风险等),可以供某些特殊领域或特殊需求的投资团体参考和使用。

2. 国内的风险指数研究与计算方法

中国国内也有越来越多的风险评估机构和风险指数对国内外的政治、经济和国家安全状况进行评估,从而指导国内和对外投资。典型的如:(1)大公国际国家主权信用风险评估;(2)中国社会科学院世界经济与政治研究所的中国海外投资国家风险评级——CROIC指数;(3)北京工商大学经济学院世界经济研究中心(WERCCN)编制的"国际贸易投资风险指数(International Trade and Investment Risk Index，简称 ITIRI 指数）"；（4）中诚信国际主权信用评级；（5）华东政法大学政治学研究院研发的"国家参与全球治理指数"（States'Participation Index of Global Governance，简称 SPIGG 指数）；（6）华东政法大学政治学研究院"国家治理指数"（National Index of Global Governance，简称 NGI 指数）；（7）中国出口信用保险公司的《国家风险分析报告》和"192 个主权国家风险参考评级"。

（1）大公国际国家主权信用风险评估[①]

大公国际是中国最具规模和影响力的资信评级集团企业，旗下 5 家子公司及 32 个国内分支机构，海外子公司 2 家。其中大公国际资信评估有限公司创建于 1994 年，是国内最早成立的资信评级专业公司，现已发展成为可向全球提供信用评级服务的国际评级机构。

大公国际国家主权信用评级是建立在对各个国家主权信用风险特殊性进行深入研究及比较的基础上，以科学的、发展变化的视角，摒弃国际上现在通行的评级标准中存在的缺陷，提出全新的国家主权信用评级理论体系，以新型国家主权信用评级标准为依托，突破原有评级标准限制，对各国国家主权信用等级进

[①] 大公国际资信评估有限公司，2015 年 12 月 20 日，http://www.dagongcredit.com/。

行评定。可准确反映各个主权国债务偿还能力，促进国际资本有效、合理地流动，保证国际信用资源合理分配。

（2）中国海外投资国家风险评级 CROIC 指数①

中国社会科学院（CASS）世界经济与政治研究所国际投资研究室在 2013 年 11 月 18 日，首次发布"中国海外投资国家风险评级"报告，对 26 个国家的样本进行评级分析，旨在给中国企业对外投资进行风险预警。该评级体系纳入经济基础、偿债能力、社会弹性、政治风险、对华关系五大指标，共 41 个子指标。截至 2017 年年底，中国对外直接投资分布在全球 189 个国家（地区），该评级体系纳入 57 个国家作为 2018 年报告的评级样本。

（3）北京工商大学经济学院世界经济研究中心 ITIRI 指数

北京工商大学经济学院世界经济研究中心（WER-CCN）编制了"国际贸易投资风险指数"（International Trade and Investment Risk Index，简称 ITIRI 指数），于 2005 年首次发布。② 2010 年起变更为世界经济风险指数

---

① 张明等：《中国海外投资国家风险评级报告（2018）》，http://www.iwep.org.cn/xsxg/xscg_lwybg/201801/t20180123_3826070.shtml。

② 季铸、张琳琳、孙瑾、樊金明、季成：《全球75个国家〈国际贸易投资风险指数〉报告（一）》，《世界商业评论》ICXO.COM，2005年11月10日，http://bi.icxo.com/htmlnews/2005/11/10/713077_0.htm。

与主权国家评级（WERICR）。① 2011年在支付风险中增加了财政风险指标（财政赤字占GDP比重）。

ITIRI——综合国际贸易投资风险指数②下设政治风险、经济风险、政策风险、支付风险四项大类指标，每一项大类指标下分别设四个分项指标。其中，政治风险主要源于国际和平、国内稳定、法律效率和社会安全；经济风险主要在于经济增长、价格变化、就业变化与经济环境；政策风险则主要涉及关税税率、企业税率、政策扭曲和是否加入世界贸易组织；支付风险主要考察贸易差额占GDP比重、外汇储备、汇率波动和信用等级变化。

（4）中诚信国际主权信用评级③

中诚信国际信用评级有限公司（简称"中诚信国际"，英文简称CCXI）是经中国人民银行、中华人民共和国商务部批准设立，在中国国家工商行政管理总局登记注册的中外合资信用评级机构。2006年4月13日，中诚信国际与全球著名评级机构穆迪投资者服务公司（简称"穆迪"，Moody's）签订协议，出让中诚

---

① 鲁肃：《世界经济风险指数与主权国家评级报告发布》，《科技日报》2012年11月19日，http：//digitalpaper.stdaily.com/http_www.kjrb.com/kjrb/html/2012-11/19/content_180868.htm？div=-1。

② 周尚意、张晶：《中国原油进口风险度以及对国内不同区域的影响分析》，《世界地理研究》2012年第1期。

③ 中诚信国际信用评级有限公司简介，http：//www.ccxi.com.cn/247/Company.html，2015-12-10。

信国际信用评级有限公司49%的股权；2006年8月15日中国商务部正式批准股权收购协议，中诚信国际正式成为穆迪投资者服务公司成员。

该体系是基于中诚信国际长期对国家主权信用评级理论、国家负债能力上限和主权违约相关问题的研究而建立的，目的是形成独立、专业、客观、前瞻的全球国家主权信用风险评估结果。该体系通过宏观经济实力、政府财政实力、对外偿付实力和事件风险敏感性等四个基本因素来对一国（地区）政府的信用状况做出评判。

（5）华东政法大学政治学研究院 SPIGG 指数[①]

由华东政法大学政治学研究院研发的"国家参与全球治理指数"（States' Participation Index of Global Governance，简称 SPIGG 指数）旨在对国家在全球治理中的参与状况进行科学的评估。

SPIGG 指数的研发始于2014年4月。华东政法大学政治学研究院的研究团队首先围绕指标体系的创制进行了广泛调研和深入研讨。在 SPIGG 指标体系形成后，团队向数百位政治学和国际关系领域的国内外专家学者征求意见，以改进和完善该指数。此外，政治学研究所还组织了"中国参与全球治理：体系变革与

---

① 华东政法大学政治学研究院：《国家参与全球治理指数》，http://psi.ecupl.edu.cn/spigg/。

国家能力"和"比较政治与全球治理"两场学术研讨会，来对这一指数的科学性和可行性进行论证。通过综合考虑指数建设在数据采集、技术运用和人员写作等方面的因素，SPIGG研究团队在具体操作上进行了统筹协调，确定了整体的建设方案。团队将评估对象的范围确定为具有典型性和代表性的25个国家，并集中采集这些国家2013年的相关数据进行分析。数据采集工作在2014年10月底完成，相应的分析工作也随之进行。在完成前期基本工作的基础上，2014年11月18日，政治学研究院召开了"国家参与全球治理2014论坛暨国家参与全球治理指数预发布会"，公布了《国家参与全球治理指数（SPIGG）2014年度报告》。

（6）华东政法大学政治学研究院国家治理指数（NGI）

华东政法大学政治学研究院开发了国家治理指数（National Governance Index，NGI）评分体系，其评价目的在于测量全球主要国家的国家治理质量和状况，共涉及111个国家，基本涵盖了全世界绝大部分具有世界或地区影响力的国家。NGI以基础、价值、可持续三大一级指标作为体系支柱，建立以国家为起点的更为综合的治理评价体系，建构一种超越纯粹政治体制与经济增长的视角，从而成为对国家治理评价的新标尺。

2015年12月首次发布国家治理指数年度报告

《基础、价值与可持续：国家治理的支柱》，涵盖三大主指标，55个最小子指标。2018年8月22日，《2017年国家治理指数报告》在上海发布。

（7）中国出口信用保险公司《国家风险分析报告》[①]

中国出口信用保险公司（简称"中国信保"）于2018年10月在北京发布了2018年版《国家风险分析报告》及全球192个主权国家风险参考评级。这是中国信保连续第14年发布《国家风险分析报告》。

2018年新版的报告分为上下两册。上册为《国家风险分析报告2018——国家风险评级、主权信用风险评级暨62个重点国家风险分析》，从"政治风险""经济风险""营商环境风险"和"法律风险"四个维度对国家风险进行深入分析，并详细阐述了评级变动原因。下册为《国家风险分析报告2018——全球投资风险分析、行业风险分析、全球企业破产风险分析》，从国别、行业、企业等多维度、多层次展示了中国企业对外投资所面临的风险，并附以大量案例帮助读者了解相关风险，同时提供管控建议。

3. 对国内外风险指数研究的评价

通过对上述国内外现存的主要风险指数研究的分

[①] 《中国信保发布2018年国家风险分析报告》，http://www.sinosure.com.cn/xwzx/xbdt/191355.shtml。

析可以得知，首先，主流的风险指数研究种类一般分为国家主权信用评估和商务投资风险评估，二者在本质上具有同一性。其次，风险指数研究存在多种评估指标体系，一般均包括政治风险、经济风险、社会风险和法律风险等维度。最后，风险维度的涵盖面越来越广泛，最新的风险研究还涉及了生态环境状况和对华关系等。此外，随着国际形势的变化和评估体系的不断完善，评估指标也在不断调整。

二 "一带一路"能源资源投资政治风险指数的设计与计算

"一带一路"能源资源投资政治风险指数(简称"一带一路"能源风险指数)是中国首个针对"一带一路"沿线国家的能源对外投资与合作的风险指数。该指数注重从广义的政治风险角度对能源投资风险进行分析,根据国际和国内形势的变化进行指数计算,最后得出不同国家的排名,以此反映不同国家(地区)的风险程度。

(一)"一带一路"能源风险指数的设计

本报告编写组于 2016 年在总结和借鉴已有各种风险评估方法的基础上,设计了中国首个针对能源对外合作的风险指数分析模型,即"一带一路"能源风险指数,并形成了关于"一带一路"能源投资风险评估的年度报告。在过去四年中,编写组在保留整体指数模型框架的基础上对方法论进行了部分改进，并据此对2019"一带一路"沿线国家的能源投资政治风险进行分析。由于存在数据的可获得性和可信赖性的问题，报告中各指标数据原则上截至2017年，部分指标采取了2018年最新数据。

"一带一路"能源风险指数中的政治风险的含义是广义性的。广义政治风险考虑到政治、经济、社会与生态环境之间是互动的关系。[①]某一方面的变化，都会引起政局的变化，甚至是动荡。因此，本报告所研究的政治风险，其定义为政治、经济、社会与生态环境在内的复杂、多因素变化所产生的不确定性。

为了全面量化评估中国企业在"一带一路"沿线国家的能源投资风险程度，"一带一路"能源风险指数结合主成分分析、层次分析等多种方法，利用政府和企业官网、国际组织及评级机构等多个全球数据库获取原始型和评估型两类数据进行指数计算。

1. 指数的维度

"一带一路"能源风险指数从经济基础、社会风险、政治风险、中国因素、能源因素和环境风险6个维度、共39个子指标进行评估（参考图2-1）。

---

① 许勤华：《改革开放40年能源国际合作踏上新征程》，《中国电力企业管理》2018年第25期。

```
                    ┌──────┬──────┬──────┬──────┬──────┬──────┐
                 经济基础  社会风险  政治风险  中国因素  能源因素  环境风险
                   │        │        │        │        │        │
                 经济规模  贫困指数  腐败控制  是否签订  能源禀赋  排放水平
                                              BIT      程度
                 发展水平  文化水平  政府效率  是否签订  能源富余  排放增长
                                              双边货币  程度
                                              互换协定
                 经济增长  社会犯罪  政治稳定  是否签订  能源贸易  能源效率
                                    与无暴力  "一带一路" 程度
                                    程度      政府间合作
                                              谅解备忘录
                 通货膨胀  失业率    监管质量  中国出口  能源贸易  气候目标
                                              依存度    依存度
                 汇率变动  投资环境  法制建设  中国进口  中国能源  环境治理
                          自由度              依存度    投资量    水平
                 投资开放  商务环境  表达与    中国投资  中国能源
                 程度      自由度    问责      依存度    投资重视度
                 贸易开放  劳动力              中国不良
                 程度      自由度              投资程度
                 债务水平
```

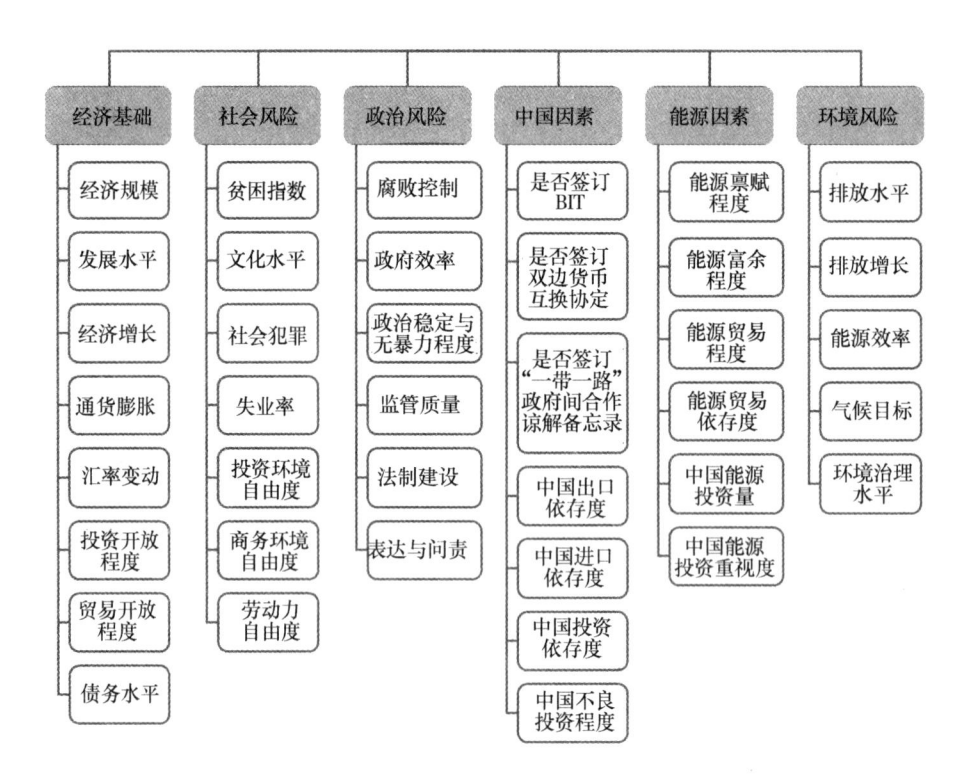

图 2-1 "一带一路"能源风险指数"六维框架"

(1) 经济基础

包括经济规模、发展水平、经济增长、通货膨胀、汇率变动、投资开放程度、贸易开放程度、债务水平 8 个子指标。

(2) 社会风险

包括贫困指数、文化水平、社会犯罪、失业率、投资环境自由度、商务环境自由度、劳动力自由度 7 个子指标。

(3) 政治风险

包括腐败控制、政府效率、政治稳定与无暴力程度、监管质量、法制建设、表达与问责6个子指标。

（4）中国因素

包括是否与中国签订双边贸易协定（BIT）、是否与中国签订双边货币互换协定、是否与中国签订"一带一路"政府间合作谅解备忘录、中国出口依存度、中国进口依存度、中国投资依存度、中国不良投资程度7个子指标。

（5）能源因素

包括能源禀赋程度、能源富余程度、能源贸易程度、能源贸易依存度、中国能源投资量、中国能源投资重视度6个子指标。

（6）环境风险

包括排放水平、排放增长、能源效率、气候目标和环境治理水平5个子指标。

2. 维度的具体含义和计算方法

（1）经济基础

经济基础维度衡量一个国家投资环境的长期稳定性。经济基础较好的国家，相应的海外投资流入风险越低，中国企业海外投资回报收益性和安全性相对较高。

经济基础维度的子指标的数据来源、标准化方法、指标评分标准如表2-1所示。

表 2-1　　　　　　　　经济基础维度子指标及说明

经济基础指标	指标说明	数据来源[1]	标准化	指标总分
1. 经济规模	GDP 总量	WDI	对数	50/7
2. 发展水平	人均 GDP	WDI	对数	50/7
3. 经济增长	GDP 增长率	WDI	线性	100/7
4. 通货膨胀	通货膨胀率	WDI	幂函数	100/7
5. 汇率变动	年平均汇率变动率	WDI、UNCTAD	幂函数	100/7
6. 投资开放程度	对外直接投资流入/GDP	WDI	幂函数	100/7
7. 贸易开放程度	（出口总额+进口总额）/GDP	ITC	幂函数	100/7
8. 债务水平	公共债务[2]/GDP	WEO	幂函数	100/7

注：1. WDI 为世界银行 World Development Indicator，ITC 为 International Trade Centre（Trade Map），UNCTAD 为 United Nations Conference on Trade and Development，WEO 为国际货币基金组织 World Economic Outlook Databases；2. 公共债务指中央和地方政府的总债务。

经济基础维度共包含 8 个子指标，包括以下方面：

Ⅰ. GDP 和人均 GDP 衡量一国的经济规模体量以及经济总体发展水平，为投资者提供一个该国家的大致国际定位，宏观地了解投资意向国家的经济总体水平。考虑到不同国家和不同时期之间的可比较性，采用世界银行的当前国际美元进行计价。两者均为积极指标。

Ⅱ. GDP 增长率、通货膨胀率和汇率变化衡量一国经济绩效成果和波动性。GDP 增长率可用来确定投资意向国家的经济增长状况，体现一国的经济发展潜质；通货膨胀率可以衡量该国的经济健康状况，预防风险发生;汇率变动体现了该国在全球经济中的位置及状况。其中,GDP 增长率为积极指标,通货膨胀率及汇率变动均为消极指标。

Ⅲ. 对外直接投资和国际贸易规模衡量一国经济的开放程度,体察投资意向国家对于外国投资的接受程度,为投资者的投资规模等提供参考。两者均为积极指标。

Ⅳ. 公共债务水平衡量一国经济的债务偿还能力,避免政府负债过多或政府财政破产带来的种种政治经济风险。该指标为消极指标。

(2) 社会风险

社会风险维度反映了因能源投资对象国的社会状况而引发的风险因素,包括社会财富分配水平、文化水平、稳定程度、就业水平等多方面。

社会风险维度子指标的数据来源、标准化方法、指标评分标准如表 2-2 所示。

表 2-2　　　　　　　社会风险维度子指标及说明

社会风险指标	指标说明	数据来源[1]	标准化	指标总分
1. 贫困指数	贫困线以下人口/总人口	WDI	线性	100/7
2. 文化水平	识字率	WDI	线性	100/7
3. 社会犯罪	他杀率;每 10 万人因故意他杀而死亡人数	WDI	线性	100/7
4. 失业率	失业人口/总人口	WDI	线性	100/7

续表

社会风险指标	指标说明	数据来源1	标准化	指标总分
5. 投资环境自由度	投资环境自由度，1—100分，分数越高，投资自由度越高	IEF	线性	100/7
6. 商务环境自由度	商务环境自由度，1—100分，分数越高，贸易自由度越高	IEF	线性	100/7
7. 劳动力自由度	劳动力自由度，1—100分，分数越高，劳动力自由度越高	IEF	线性	100/7

注：WDI为世界银行World Development Indicator；IEF为Index of Economic Freedom。

社会风险指标共含7个子指标，其中：

Ⅰ. 贫困指数衡量了社会总体的富裕程度，并在一定程度上反映社会的财富分配情况。贫困线以下人口比重越大，贫穷人口比重越大，越可能引发犯罪、示威和动乱，社会风险越大。

Ⅱ. 文化水平反映了社会成员的总体素质。文化水平越高，社会秩序运行也就越安全，社会风险相对越低。

Ⅲ. 社会犯罪率衡量国家人员的内部冲突和社会稳定程度。犯罪率越高，社会风险越大。

Ⅳ. 失业率则能体现社会劳动力的就业和职业岗位的竞争程度。高失业率可能会引起犯罪、社会动乱等，从而导致社会风险升高。

Ⅴ. 投资环境自由度、商务环境自由度和劳动力自由度均是衡量一国社会的商务投资运营水平和参与度。其中,商务环境自由度包括跨国公司国际商务行为的自由度和经济自由度、商业交易的便利程度;劳动力自由度指劳动力在流动中是否遇到阻碍及阻碍的程度,可以衡量统一劳动力市场建立和完善的程度。上述三种自由度的程度越高,对应的社会运营水平越安稳有序,社会风险越低。

(3) 政治风险

政治风险维度考察一国政府处理国家问题、监管的质量和效率,以及在维持政治稳定、法律建设等方面的效果。较低的政治风险会降低海外投资受损的可能性。

政治风险维度的子指标说明、数据来源、标准化方法和评分标准如表2–3所示。

表2–3　　　　　　政治风险维度子指标及说明

政治风险指标	指标说明	数据来源[1]	标准化	指标总分
1. 腐败控制	对一国政府对腐败现象的控制程度,−2.5—2.5,分数越高,腐败控制程度越高。	WGI	线性	50/3
2. 政府效率	公共服务、行政部门质量及其独立于政治压力度、政策形成和执行质量,−2.5—2.5,分数越高,政府有效性越强。	WGI	线性	50/3
3. 政治稳定与无暴力程度	政府稳定、政治暴力或恐怖主义等,−2.5—2.5,分数越高,政治秩序越稳定。	WGI	线性	50/3

续表

政治风险指标	指标说明	数据来源	标准化	指标总分
4. 监管质量	政府管理部门对部门企业的监管执行能力，-2.5—2.5，分数越高，监管质量越高。	WGI	线性	50/3
5. 法制建设	法律法规的设立、完善、执行和监管，-2.5—2.5，分数越高，法制建设程度越高。	WGI	线性	50/3
6. 表达与问责	公民在选举中的参与程度及言论、结社、新闻自由，-2.5—2.5，分数越高，表达与问责程度越高。	WGI	线性	50/3

注：WGI为世界银行全球治理指数。

由于政治量化评估程序较为复杂，德尔菲评分法需要科学设计且耗时较长，因此"一带一路"能源风险指数中的政治风险评分采用已有的评分系统。现有的政治量化评估方法仅有全球治理指数（WGI）的覆盖面较广、政治侧重方面较完善，因而"一带一路"能源风险指数的政治风险评分暂引用全球治理指数的评估结果。

政治风险维度共含有6个子指标，分别对应腐败控制、政府效率、政治稳定与无暴力程度、监管质量、法制建设和表达与问责。评分越高，政治表现越好，相应的政治风险越低。

（4）中国因素

中国因素维度衡量了一国与中国贸易和投资合作的关系。若一国与中国关系越友好，中国在当地的投资风险将越低,越能增加中国的投资回报收益。

中国因素维度子指标的数据来源、标准化方法、指标评分标准如表2-4所示。

表2-4　　　　　中国因素维度子指标及说明

中国因素指标	指标说明	数据来源[1]	标准化	指标总分
1. 是否签订BIT	是否签订双边贸易协议:10-已签订,5-已签订未生效,0-未签订	中国商务部	特殊	10
2. 是否签订双边货币互换协定	是否签订双边贸易协议:5-已签订,2.5-已签订未生效,0-未签订	中国人民银行	特殊	5
3. 是否签订"一带一路"政府间合作谅解备忘录	是否签订双边贸易协议:10-已签订,5-已签订未生效,0-未签订	中国"一带一路"网	特殊	10
4. 中国出口依存度	出口至中国贸易总额/一国出口总额	ITC	对数	75/4
5. 中国进口依存度	进口自中国贸易总额/一国进口总额	ITC	对数	75/4
6. 中国投资依存度	中国对该国的对外直接投资总量(2005年1月—2018年6月)	中国全球投资记录	幂函数	75/4
7. 中国不良投资亏损度	中国对该国的亏损投资/中国对该国的对外直接投资总量(2005年1月—2018年6月)	中国全球投资记录	幂函数	75/4

注:ITC为International Trade Centre。

中国因素维度共包含7个子指标。

Ⅰ."是否签订BIT"是指一国是否与中国签订双边投资协定,以及该协议是否已经生效。倘若BIT已成功签署,则将有效降低中国企业在当地的投资风险。

Ⅱ."是否签订双边货币互换协定"是 2019 年报告新增加的指标，倘若一国与中国签订双边货币互换协定，则在一定程度上有利于双边贸易结算与金融往来。

Ⅲ."是否签订'一带一路'政府间合作谅解备忘录"也是 2019 年报告新增加的指标。倘若一国与中国签订"一带一路"政府间合作谅解备忘录，则更加有利于"一带一路"投资项目长期合作保障与稳定前景。

Ⅳ.中国出口依存度和中国进口依存度则是分别从进出口贸易角度来衡量一国与中国之间的贸易依存关系，并体现中国在该国对外贸易业务中的地位。若中国在该国贸易业务中的地位越高，则中国对该国的投资风险越低。

Ⅴ.中国投资依存度则体现 2005 年以来中国在一国直接投资的重要性、中国与该国投资合作的前景，以及该国对中国投资的依赖程度。投资量越大，则中国今后在该国的投资风险越低。

Ⅵ.中国不良投资亏损度则反映中国在该国的投资中已经无法或难以回收的投资的比重。不良投资亏损度越低，则中国在该国的投资风险也越低。

（5）能源因素

能源因素维度从一国的能源禀赋、开放程度及与中国能源合作情况等方面，衡量该国能源领域的发展前景以及与中国能源合作的潜力。

能源因素维度的子指标说明、数据来源、标准化方法和评分标准如表2-5所示。

表2-5　　　　　　　能源因素维度子指标及说明

能源因素指标	指标说明	数据来源[1]	标准化	指标总分
1. 能源禀赋程度	原油、天然气和煤炭储量	EIA	对数	50/3
2. 能源富余程度	原油、天然气和煤炭储量/生产量	EIA	对数	50/3
3. 能源贸易程度	矿产能源贸易差额	ITC	对数	50/3
4. 能源贸易依存度	矿产能源出口总额/出口总额	ITC	对数	50/3
5. 中国能源投资量	中国对该国能源投资总额（2005年1月起至2018年6月）	中国全球投资记录	线性	50/3
6. 中国能源投资重视度	中国对该国能源投资总额/中国在该国投资总额（2005年1月起至2018年6月）	中国全球投资记录	对数	50/3

注：EIA 为 Energy Information Administration of United States；ITC 为 International Trade Centre（Trade Map）；中国全球投资记录为美国传统基金会和美国企业研究所联合发布的 China Global Investment Tracker。

该维度共包含6个子指标：

Ⅰ. 能源禀赋程度和能源富余程度衡量一国能源领域的开发潜力。

Ⅱ. 能源贸易程度衡量一国能源领域贸易开放性。能源贸易依存度衡量能源资源在一国国际贸易中的重要性。一般而言，能源贸易度及其依存度越高的国家，政府较为重视能源产业投资，其他国家在该国能源领域的投资风险相对较低。

Ⅲ. 中国能源投资量与中国能源投资重视程度反映中国对一国能源领域的投资力度和风险。能源投资量及其占中国在该国投资总额的比重越大，表明中国与该国的能源关系越密切，投资风险相对较低。

(6) 环境风险

环境风险维度衡量一国对环境保护意识、行动、政策的重视程度。对能源投资而言，能源的开采、运输、供应与消费的每个环节都受到各国政府环境治理与管控状况的影响。

环境风险维度的子指标说明、数据来源、标准化方法和评分标准如表2-6所示。

表2-6　　　　　　　　环境风险维度子指标及说明

环境风险指标	指标说明	数据来源[1]	指标总分
1. 排放水平	一国当前的二氧化碳排放水平。排放越多，风险越高。	IEA/FAO/WDI	9
2. 排放增长	一国当前的二氧化碳增长情况。增长越多，风险越高	IEA	12
3. 能源效率	一国能源使用效率，包括排放强度与能源强度。效率越高，风险越低。	IEA	9
4. 气候目标	一国应对气候变化的未来目标。目标越高，风险越大。	INDC	10
5. 环境治理水平	一国环境治理综合水平。水平越高，风险越低。	EPI	60

注：IEA 为 International Energy Agency；FAO 为 Food and Agriculture of the United Nations；WDI 为世界银行 World Development Indicator；INDC 为 Intended Nationally Determined Contributions；EPI 为耶鲁大学环境法律与政策中心的 Environmental Performance Index。

一个国家的环境风险来源于其环境治理与管控状况的变动趋势而非它的当前水平。在环境治理更严格、标准更高的国家，中国企业为了满足所在国的环保标准，需要增加相应的投资。这些投资应该成为企业成本—收益分析的一部分。环境风险是一国未来环保标准突然提高的可能性。环保标准提高的可能性越大，企业在未来增加环境成本的可能性也就越高，风险也就越大。

各国当前的环境治理水平、应对气候变化的减排表现与未来的减排目标是环境风险维度关注的3个子维度。这3个子维度之间互相影响。环境治理水平较低的国家，若减排目标较高而减排表现较差，则存在的环境风险较高；相比之下，环境治理水平较高的国家，若减排目标较低而减排表现较好，则存在的环境风险较低。

Ⅰ．气候表现子维度

该子维度衡量一国应对气候变化的综合表现情况，包含了该国的排放水平与强度、排放的增长情况以及能源的使用效率与强度。其中，森林保有量所转化的碳汇是碳排放的衡量标准之一。在排放增长中对不同生产部门的增长赋予了不同的权重。在能源效率与强度中，单位一次能源生产的二氧化碳排放量和单位GDP的能源消耗都是指标体系的一环。尽管会存在异常情况，一般而言，一国应对气候变化的表现越好，环境风险越低。

Ⅱ. 气候目标子维度

这一维度依据联合国气候变化框架公约（UNFCCC）下属的 Climate Analysis Indicators Tool（CAIT）Climate Data Explorer 中对各国上交的国家自主贡献预案（INDC）的摘要和总结。通过对不同国家未来的减排目标、减排范围、条件性与减排行动进行评分，进而衡量该国的气候变化目标。低应对气候变化表现和高应对气候变化目标的国家将比那些高应对气候变化表现、低应对气候目标的国家存在更大的政策变动可能，即更大的环境风险。

Ⅲ. 环境治理水平子维度

这一维度综合衡量一个国家的环境治理水平，包括环境健康、大气、水、土壤污染等。数据来源于耶鲁大学环境法律与政策中心（YCELP）所制作的 Environment Performance Index。环境治理水平子维度对环境风险影响大。更高的环境治理水平代表了一国环境制度的完善、治理能力的充分和政策的稳定，即较小的环境风险。

上述 3 个子维度所包含的 5 个子指标可整理如下：

Ⅰ. 排放水平。该子指标衡量的是一国的当前二氧化碳排放情况，包括二氧化碳排放总量、人均排放量、人均一次能源供应量以及由森林生物量变化引起的二氧化碳排放量。其中，排放量越高，得分越低。

Ⅱ. 排放增长。该子指标衡量的是一国二氧化碳排放增长情况，并且对电力与供暖、工业、陆路运输、住宅使用以及航空运输等不同部门产生的排放增长量赋予了不同的关注。其中，电力与供暖、工业、其他三种部门来源设置为三个递减权重级别，增长越多，权重越大，得分越低。

Ⅲ. 能源效率。该子指标衡量一国的能源使用效率。为了综合考虑二氧化碳排放水平与国家发展水平，分别采用单位能源生产的排放强度与单位GDP的能源强度来综合衡量一国的能源效率。其中，排放强度越高、能源消耗强度越高，得分越低。

Ⅳ. 气候目标。该子指标衡量一国应对气候变化国家自主贡献计划的目标水平、范围和指标的详细状况。目标越高、覆盖范围越广、行动计划越翔实的国家得分越高。

Ⅴ. 环境治理水平。该子指标衡量一国对于各种环境问题的综合治理水平，包括大气、水、土壤污染治理情况，环境健康，环境政策等方面的表现。环境治理水平越好，此项得分越高。

（二）"一带一路"能源风险指数的计算

1. 指标数据的标准化方法

指标数据包含各种原始数据和评估数据，需对其进行标准化处理。本指数中，经济基础、社会风险、中国因素、能源因素、环境风险等维度部分子指标涉及的原始数据的单位和数量级各不相同，需进行统一的标准化处理，才可将各项分数相加比较；政治风险、环境风险等维度部分子指标主要涉及评估数据，与原始评估系统的总分不同，同样需要进行标准化处理。

标准化处理遵循了逻辑性、客观性和最后分数有区分度等原则。标准化处理指标所得总分设置为100分。指标分数越高，表示该项风险性越低。

按照数据类型，指标数据标准化方法主要分为四种：

（1）线性变换处理

线性变换处理适用于无极端值的原始数据。将原始数据进行线性变化，使结果落入 [0，1] 区间，最后乘以该项满分100分。线性变换处理也适用于二手数据，但不同评分体系下的满分值不一样。采用线性变换处理后的分数可以直接应用于我们的评分体系。分数越高表示风险越低。

转换函数的公式如下:

$$A = \frac{(x - min)}{(max - min)} \times 100$$

或

$$A = \frac{x}{m} \times 100$$

取 A 或 $(100-A)$ 为进行标准化后的分数[当正相关时,取 A,负相关时,取 $(100-A)$],x 为原始数据,max 为样本数据的最大值,min 为样本数据的最小值,m 为原始数据理论最高分。直接用线性变换处理的指标共 15 个,具体是:

表 2-7　　　　　　　直接用线性变换处理的指标

维度	子指标
经济基础	经济增长率
社会风险	投资环境自由度、商务环境自由度、劳动力自由度、文化水平、社会犯罪、失业水平、贫困指数
政治风险	腐败控制、政府有效性、政治稳定与无暴力程度、监管质量、法制建设、表达与问责
能源因素	中国能源投资量

注:环境风险维度的处理将单列。

(2) 对数函数处理

对数函数主要应用于存在不同数量级的极端值的原始数据(极端值为与平均值的差大于 3 倍四分位距的数值)。这种数据若直接使用离差标准化,所得分数区分度不大，难以达到区分的目的。由于规模不同而导致的不同数量级的标准化，如 GDP 总量、对外直接投资总值等，直接使用离差标准化方法所处理的结果所得区分度较为不合理，故采取自然对数函数处理之后，再对所得函数值进行离差标准化：

$$A = \frac{ln(x) - ln(min)}{ln(max) - ln(min)} \times 100$$

或

$$A = \frac{ln(1 + 100x) - ln(1 + 100min)}{ln(1 + 100max) - ln(1 + 100min)} \times 100$$

或

$$A = \frac{ln[1 + (x - min) \times 100]}{ln[1 + (max - min) \times 100]} \times 100$$

取 A 或（$100 - A$）为进行标准化后的分数［当正相关时，取 A，负相关时，取（$100 - A$）］，x 为原始数据，min 为最小值，max 为最大值。采取自然对数函数处理后进行离差标准化的指标共 9 个指标：

表 2-8　　　　　　　　用对数函数处理的指标

维度	子指标
经济基础	GDP 总量、人均 GDP
中国因素	中国进口依存度、中国出口依存度
能源因素	能源禀赋程度、能源富余程度、能源贸易程度、能源贸易依存度、中国能源投资重视程度

注：环境风险维度的处理将单列。

(3) 幂函数处理

幂函数主要应用于存在相同数量级的极端值或奇异值的原始数据（极端值为与平均值的差大于3倍四分位距的数值，奇异值为与平均值的差大于1.5倍四分位距的数值）。这种数据若直接使用离差标准化，所得分数区分度仍然不大，难以达到区分的目的。如汇率变动、进出口额占GDP比值等，直接使用离差标准化方法所处理的结果所得区分度较为不合理，故采取自然幂指数函数处理之后，再对所得函数值进行离差标准化。由于有些原始数据存在负数的情况，故选取的是幂指数为 $\frac{1}{3}$ 的幂函数：

$$A = \frac{x^{\frac{1}{3}} - min^{\frac{1}{3}}}{max^{\frac{1}{3}} - min^{\frac{1}{3}}} \times 100$$

取 A 或（$100-A$）为进行标准化后的分数［当正相关时，取 A，负相关时，取（$100-A$）］，x 为原始数据，min 为最小值，max 为最大值。采用幂函数处理之后进行离差标准化的数据有7个：

表2-9　　　　　　　　　用幂函数处理的指标

维度	子指标
经济基础	通货膨胀、汇率变动、投资开放程度、贸易开放程度、债务水平
中国因素	中国投资依存度、中国投资亏损度

注：环境风险维度的处理将单列。

(4) 特殊映射处理

上述三种方法处理的原始数据都是数值，用的映射都是数域之间的映射。然而，有些指标数据较为特殊，尚未量化，需要将文字和数值联系起来，所以采用特殊映射，将文字与数域一一对应。采用特殊映射处理的指标有中国因素维度的"是否签署BIT""是否签署双边互换协定""是否签署'一带一路'政府间合作谅解备忘录"指标。

(5) 环境风险维度处理

环境风险维度的评分是几个维度中最不一样的。环境风险维度中选取了16个各方面的数据，组成3个子维度，即气候表现、气候目标和环境治理水平。其中，气候表现包含3个子指标：排放水平、排放增长、能源效率。每个子指标有不同的指标表征，具体如图2-2：

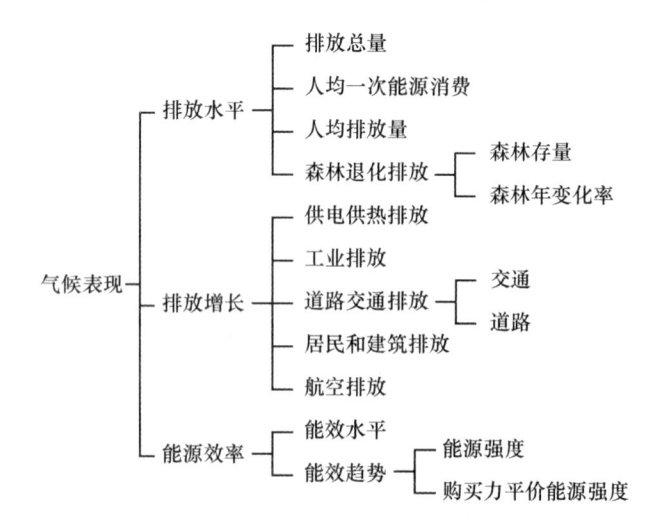

图2-2

其中，每个末端指标的数据的处理方法如表2-10：

表2-10 末端指标数据处理方法一览

线性变化处理	能效水平、能源强度、购买力平价能源强度
对数函数处理	排放总量，人均一次能源消费，人均排放，供电供热排放，工业排放，交通、道路、居民和建筑排放，航空排放
幂函数处理	森林存量，森林年变化率

公式同其他方法一样，处理之后得到的是分布在[0,100]的数值，将这些数据按权重求均值得到的为环境表现的得分，且得分越高，环境表现越好。

气候目标指标采用特殊变量处理法，将各个国家的国家自主减排预案（INDC）目标作为参考值，给每个国家的目标情况打分。之后将分值进行线性变换使其映射到[0,100]的区间内，使得分数越高，表征目标越高。

环境治理水平属于评估数据，直接采用线性变换得到分数。

2. 指标总分

(1) 子指标最高分

除环境风险维度之外，每个维度的子指标的最高分为100分，按比例加权求均值得到五个维度的总分。此外，其他维度中的权重设定也是为了更好地反映能源投资的风险高低。

环境风险维度的处理如下：将各个国家的环境风险按照三个子维度的高低分为八个区间，每个区间给定一个基准值，基准值如图 2-3：

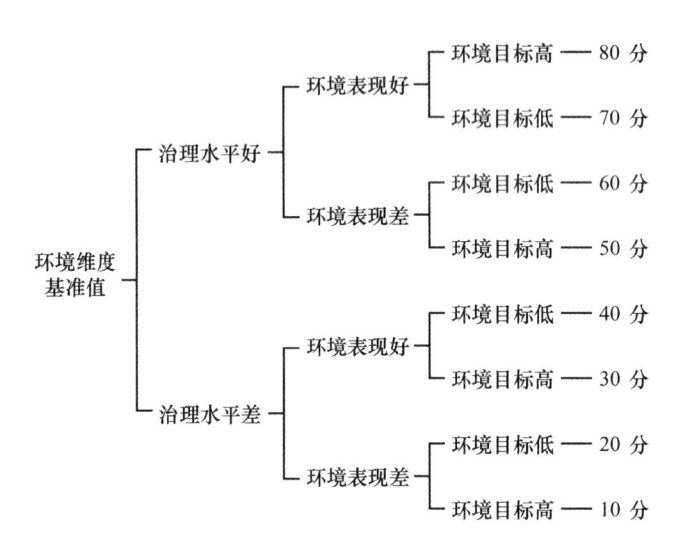

```
                                    ┌─ 环境表现好 ┬─ 环境目标高 —— 80 分
                                    │            └─ 环境目标低 —— 70 分
                   ┌─ 治理水平好 ───┤
                   │                └─ 环境表现差 ┬─ 环境目标低 —— 60 分
                   │                             └─ 环境目标高 —— 50 分
环境维度基准值 ────┤
                   │                ┌─ 环境表现好 ┬─ 环境目标低 —— 40 分
                   │                │            └─ 环境目标高 —— 30 分
                   └─ 治理水平差 ───┤
                                    └─ 环境表现差 ┬─ 环境目标低 —— 20 分
                                                  └─ 环境目标高 —— 10 分
```

图 2-3　环境风险维度分区间基准值

同时按照如下公式得到环境维度的一个中间变量 B：

$$B = x_{治理水平} \times 60\% + x_{环境表现} \times 30\% + (100 - x_{环境目标}) \times 10\%$$

之后按照如下公式得到环境维度的最后得分：

$$A = n_i + B \times \frac{20}{max\{B\}}$$

其中 A 为最后的环境维度得分，n_i 为基准分。

（2）各维度总分

经济基础、社会风险、政治风险、中国因素、能源因素、环境风险六大维度理论上最高分均为 100 分，此时对应的分数为该维度的最后得分。同时，将社会风险、环境风险维度的权重设为其他维度权重的 50%，以表明这两个维度虽然对能源资源投资构成约束，但这种约束往往与其他维度相交织、通过其他维度具体表现，因而是补充性的。

（3）综合评分

最后按六个维度各自的权重求均值，从而得出最终的投资风险综合评分。综合评分越高，投资风险越低，国家排名也越靠前。

三 "一带一路"能源资源投资政治风险评估

(一)"一带一路"能源风险指数的评估结果和分析

1. 评估得分及分数段分布

利用调整后的"一带一路"能源风险指数计算得出2019年"一带一路"能源资源投资政治风险的评估分数。

表3-1是风险分级界定标准。根据该标准,评分在0—40为高风险,40—50为较高风险,50—60为中等风险,60—70为较低风险,70—100为低风险。分值与风险呈逆向关系。分值越高则风险越低,反之亦然。

表3-1 "一带一路"沿线国家能源资源投资政治风险分级界定

高风险	较高风险	中等风险	较低风险	低风险
[0, 40)	[40, 50)	[50, 60)	[60, 70)	[70, 100)

表 3-2 整理出"一带一路"64 个沿线国家在指数涉及的六大维度的得分及最终汇总得分。

表 3-2　　2019 年"一带一路"沿线国家能源资源投资政治风险评分

国　家		经济因素	能源风险	政治风险	中国因素	社会因素	环境因素	综合评分
阿富汗	Afghanistan	62.10	24.90	7.43	35.65	40.30	47.16	34.76
阿尔巴尼亚	Albania	60.20	34.29	53.85	47.87	68.59	82.11	54.31
亚美尼亚	Armenia	61.81	25.33	42.24	53.09	71.81	90.00	52.68
阿塞拜疆	Azerbaijan	50.01	60.35	27.51	59.70	78.93	87.15	56.12
巴林	Bahrain	63.22	33.58	46.06	35.67	84.19	81.70	52.29
孟加拉国	Bangladesh	58.55	52.83	21.96	63.05	64.69	56.94	51.44
白俄罗斯	Belarus	59.64	53.82	31.84	63.93	75.50	81.89	57.59
不丹	Bhutan	42.98	27.96	70.37	9.78	68.76	52.60	42.35
波黑	Bosnia and Herzegovina	62.08	51.96	40.58	54.36	69.79	69.32	55.71
文莱	Brunei	71.10	70.78	71.86	68.85	87.69	80.98	73.38
保加利亚	Bulgaria	70.60	33.06	61.41	39.67	72.31	82.08	56.39
柬埔寨	Cambodia	74.52	35.36	24.55	73.04	65.71	63.16	54.38
克罗地亚	Croatia	59.26	50.94	68.84	53.07	67.80	84.61	61.66
捷克共和国	Czech Republic	72.00	37.65	82.95	49.95	83.47	80.45	64.90
埃及	Egypt	36.87	63.97	22.57	69.96	60.36	77.08	52.42
爱沙尼亚	Estonia	72.65	27.79	87.74	46.91	74.60	84.46	62.92
格鲁吉亚	Georgia	59.02	51.81	65.29	49.11	81.24	78.58	61.03
匈牙利	Hungary	57.70	29.49	69.32	63.35	76.41	80.30	59.64
印度	India	59.93	64.91	47.63	55.33	58.50	50.19	56.43
印度尼西亚	Indonesia	64.64	65.33	47.02	69.28	72.96	61.74	62.72
伊朗	Iran	53.97	81.29	21.46	60.66	58.86	63.62	55.72
伊拉克	Iraq	49.42	89.94	8.46	65.87	39.31	66.56	53.33
以色列	Israel	57.54	39.43	73.20	59.71	78.69	81.25	61.97
约旦	Jordan	60.22	49.78	50.11	59.31	75.46	79.07	59.34
哈萨克斯坦	Kazakhstan	60.48	80.65	38.91	73.97	80.04	71.80	65.99

续表

国家		经济因素	能源风险	政治风险	中国因素	社会因素	环境因素	综合评分
科威特	Kuwait	65.43	76.14	46.97	64.62	77.69	70.31	65.43
吉尔吉斯斯坦	Kyrgyzstan	51.07	57.26	25.99	73.02	73.00	75.62	56.33
老挝	Laos	62.26	55.31	27.34	83.03	54.39	58.33	56.86
拉脱维亚	Latvia	66.32	26.25	77.20	51.80	75.51	85.81	60.45
黎巴嫩	Lebanon	54.03	22.11	25.22	50.05	61.81	79.10	44.38
立陶宛	Lithuania	65.89	28.76	80.05	38.70	71.04	85.57	58.34
北马其顿	Macedonia	61.42	23.76	51.09	51.54	76.51	85.33	53.75
马来西亚	Malaysia	67.67	60.68	61.40	79.24	83.81	74.71	69.65
马尔代夫	Maldives	65.04	0.00	31.30	46.44	74.90	48.85	40.93
摩尔多瓦	Moldova	55.82	20.80	38.55	31.65	71.97	62.00	42.76
蒙古国	Mongolia	60.25	52.49	52.57	77.21	69.24	76.70	63.10
黑山	Montenegro	63.19	19.40	55.81	47.51	68.87	87.17	52.79
缅甸	Myanmar	60.34	56.10	19.77	66.23	61.20	63.79	52.99
尼泊尔	Nepal	60.30	31.71	26.55	53.10	55.01	58.01	45.63
阿曼	Oman	65.65	70.81	59.27	57.46	74.20	72.50	65.31
巴基斯坦	Pakistan	56.90	59.00	22.99	78.80	56.47	56.17	54.80
巴勒斯坦	Palestine	55.83	19.21	36.35	26.86	58.90	22.76	35.82
菲律宾	Philippines	63.75	60.63	41.67	58.24	60.70	77.52	58.68
波兰	Poland	67.55	56.35	74.68	45.16	78.91	75.85	64.23
卡塔尔	Qatar	64.01	61.11	63.78	66.93	84.70	74.89	67.12
罗马尼亚	Romania	71.10	64.35	59.93	48.00	76.23	80.83	64.38
俄罗斯	Russia	60.37	79.86	27.12	73.86	61.67	80.55	62.46
沙特阿拉伯	Saudi Arabia	64.10	81.31	45.49	66.63	75.00	70.24	66.03
塞尔维亚	Serbia	60.93	52.09	52.36	57.75	69.20	81.02	59.65
新加坡	Singapore	74.30	45.97	90.98	77.43	93.49	82.56	75.34
斯洛伐克	Slovakia	69.43	29.94	75.18	45.96	76.33	81.84	59.92
斯洛文尼亚	Slovenia	64.51	27.50	81.81	49.70	78.10	86.24	61.14
斯里兰卡	Sri Lanka	50.43	38.57	47.87	67.38	75.50	76.23	56.02
叙利亚	Syria	31.46	66.32	1.34	44.49	48.19	37.17	37.26
塔吉克斯坦	Tajikistan	52.09	42.77	10.64	68.77	65.93	75.54	49.00
泰国	Thailand	64.43	43.68	44.68	79.39	76.99	77.45	61.88

续表

国　家		经济因素	能源风险	政治风险	中国因素	社会因素	环境因素	综合评分
东帝汶	Timor-Leste	50.91	31.48	32.14	47.56	56.20	59.69	44.01
土耳其	Turkey	57.37	57.86	40.98	63.93	75.39	68.17	58.39
土库曼斯坦	Turkmenistan	64.23	69.68	9.74	75.59	53.70	75.91	56.81
乌克兰	Ukraine	51.53	57.79	30.01	67.34	65.99	68.65	54.80
阿联酋	UAE	77.30	78.31	68.39	76.51	78.39	72.65	75.20
乌兹别克斯坦	Uzbekistan	44.19	62.03	16.55	74.75	62.61	69.19	52.68
越南	Vietnam	70.32	67.29	41.54	71.17	71.60	64.69	63.69
也门共和国	Yemen	38.84	65.65	1.83	48.43	40.71	39.05	38.93

根据表3-1的风险分级界定标准和表3-3的国家区域分布标准，对不同区域（表3-4）和不同维度（表3-5）的风险得分进行分级总结。

表3-3　　　　"一带一路"沿线国家的区域分布

区域编号	区域名称	序号	国别
1	蒙古国	1	蒙古国
2	俄罗斯	2	俄罗斯
3	东南亚11国	3	印度尼西亚
		4	泰国
		5	马来西亚
		6	越南
		7	新加坡
		8	菲律宾
		9	缅甸
		10	柬埔寨
		11	老挝
		12	文莱
		13	东帝汶

续表

区域编号	区域名称	序号	国别
4	独联体其他6国	14	乌克兰
		15	白俄罗斯
		16	格鲁吉亚
		17	阿塞拜疆
		18	亚美尼亚
		19	摩尔多瓦
5	南亚8国	20	印度
		21	巴基斯坦
		22	孟加拉国
		23	斯里兰卡
		24	阿富汗
		25	尼泊尔
		26	马尔代夫
		27	不丹
6	西亚北非16国	28	沙特阿拉伯
		29	阿联酋
		30	阿曼
		31	伊朗
		32	土耳其
		33	以色列
		34	埃及
		35	科威特
		36	伊拉克
		37	卡塔尔
		38	约旦
		39	黎巴嫩
		40	巴林
		41	也门共和国
		42	叙利亚
		43	巴勒斯坦

续表

区域编号	区域名称	序号	国别
7	中东欧 16 国	44	波兰
		45	罗马尼亚
		46	捷克共和国
		47	斯洛伐克
		48	保加利亚
		49	匈牙利
		50	拉脱维亚
		51	立陶宛
		52	斯洛文尼亚
		53	爱沙尼亚
		54	克罗地亚
		55	阿尔巴尼亚
		56	塞尔维亚
		57	北马其顿
		58	波黑
		59	黑山
8	中亚 5 国	60	哈萨克斯坦
		61	乌兹别克斯坦
		62	土库曼斯坦
		63	吉尔吉斯斯坦
		64	塔吉克斯坦

表 3-4　2019 年"一带一路"沿线国家能源资源投资政治风险分区域小结

	低风险	较低风险	中等风险	较高风险	高风险
蒙古国	0	1	0	0	0
中东欧	0	7	9	0	0
南亚	0	0	4	3	1
西亚北非	1	5	6	1	3
独联体其他	0	1	4	1	0
东南亚	2	4	4	1	0

续表

	低风险	较低风险	中等风险	较高风险	高风险
俄罗斯	0	1	0	0	0
中亚	0	1	3	1	0
总计	3	20	30	7	4

表3-5 2019年"一带一路"沿线国家能源资源投资政治风险分维度小结

	低风险	较低风险	中等风险	较高风险	高风险
经济基础	9	30	19	3	3
社会风险	35	17	8	3	1
政治风险	11	7	8	12	26
中国因素	14	16	14	13	7
能源因素	9	13	14	4	24
环境风险	41	11	7	2	3

2. 风险评估分析

根据表3-1的风险分级标准和表3-2的计算结果对"一带一路"沿线国家能源资源投资政治风险进行总结分析。与2018年计算结果比较，2019年的总体趋势是高风险和较高风险国家减少，低风险和较低风险国家增多。

(1) 低投资风险国家，共3个

新加坡、阿联酋、文莱；

(2) 较低投资风险国家，共20个

马来西亚、卡塔尔、沙特阿拉伯、哈萨克斯坦、科威特、阿曼、捷克共和国、罗马尼亚、波兰、越南、蒙古国、爱沙尼亚、印度尼西亚、俄罗斯、以色列、泰国、克罗地亚、斯洛文尼亚、格鲁吉亚、拉脱维亚；

（3）中等投资风险国家，共30个

斯洛伐克、塞尔维亚、匈牙利、约旦、菲律宾、土耳其、立陶宛、白俄罗斯、老挝、土库曼斯坦、印度、保加利亚、吉尔吉斯斯坦、阿塞拜疆、斯里兰卡、伊朗、波黑、巴基斯坦、乌克兰、柬埔寨、阿尔巴尼亚、北马其顿、伊拉克、缅甸、黑山、乌兹别克斯坦、亚美尼亚、埃及、巴林、孟加拉国；

（4）较高投资风险国家，共7个

塔吉克斯坦、尼泊尔、黎巴嫩、东帝汶、摩尔多瓦、不丹、马尔代夫；

（5）高投资风险国家，共4个

也门共和国、叙利亚、巴勒斯坦、阿富汗。

与2018年评估结果相比，低投资风险国家和较低投资风险国家数量均有所增加，较高和高投资风险国家数量有所减少，中等投资风险国家数量保持稳定。这反映了"一带一路"沿线国家整体投资风险下降趋势。从表3-4的分析可以看出，大部分地区国家投资风险的变化趋势与整体相符，呈现投资风险下降趋势。其中，中东欧和东南亚的投资风险仍然较低，独联体国家、南亚及西亚北非国家的投资风险较高。

（二）分维度分析

1. 经济基础

在 2019 年报告中，各国经济评分与 2018 年报告相比有升有降，部分国家排名变化较大，反映出各国经济发展状况的相对起伏。各国具体评分及排名如表 3-6 所示。

表 3-6　　　　经济基础维度得分排名情况

排名	国家	得分	排名	国家	得分
1	阿联酋	77.30	33	哈萨克斯坦	60.48
2	柬埔寨	74.52	34	俄罗斯	60.37
3	新加坡	74.30	35	缅甸	60.34
4	爱沙尼亚	72.65	36	尼泊尔	60.30
5	捷克共和国	72.00	37	蒙古国	60.25
6	罗马尼亚	71.10	38	约旦	60.22
7	文莱	71.10	39	阿尔巴尼亚	60.20
8	保加利亚	70.60	40	印度	59.93
9	越南	70.32	41	白俄罗斯	59.64
10	斯洛伐克	69.43	41	克罗地亚	59.26
11	马来西亚	67.67	43	格鲁吉亚	59.02
12	波兰	67.55	44	孟加拉国	58.55
13	拉脱维亚	66.32	45	匈牙利	57.70
14	立陶宛	65.89	46	以色列	57.54
15	阿曼	65.65	47	土耳其	57.37
16	科威特	65.43	48	巴基斯坦	56.90

续表

排名	国家	得分	排名	国家	得分
17	马尔代夫	65.04	49	巴勒斯坦	55.83
18	印度尼西亚	64.64	50	摩尔多瓦	55.82
19	斯洛文尼亚	64.51	51	黎巴嫩	54.03
20	泰国	64.43	52	伊朗	53.97
21	土库曼斯坦	64.23	53	塔吉克斯坦	52.09
22	沙特阿拉伯	64.10	54	乌克兰	51.53
23	卡塔尔	64.01	55	吉尔吉斯斯坦	51.07
24	菲律宾	63.75	56	东帝汶	50.91
25	巴林	63.22	57	斯里兰卡	50.43
26	黑山	63.19	58	阿塞拜疆	50.01
27	老挝	62.26	59	伊拉克	49.42
28	阿富汗	62.10	60	乌兹别克斯坦	44.19
29	波黑	62.08	61	不丹	42.98
30	亚美尼亚	61.81	62	也门共和国	38.84
31	北马其顿	61.42	63	埃及	36.87
32	塞尔维亚	60.93	64	叙利亚	31.46

（1）典型国家评估分析

选取经济维度评分前三名和末三名的国家作为典型国家进行评估分析。经过经济维度各子指标的数据计算后，位于经济维度评分前三名的国家为：阿联酋、柬埔寨、新加坡；位于经济维度评分后三名的国家为：也门、埃及、叙利亚。需要注意的是，包括叙利亚、巴勒斯坦在内的部分国家由于地区紧张局势，经济维度相关数据出现了较大空缺，因此本次排名主要在现有数据范围内反映在评估时期内各国经济领域发生的变化情况。

Ⅰ. 阿联酋

阿联酋以总分 77.30 分位居 64 国第一位，经济发展水平、汇率波动状况、贸易开放程度三项指标居于 64 国前列；但是经济增长率得分较低，影响了总体得分。

在中东国家中，阿联酋政治相对稳定。依托丰富的石油资源，经济总量和人均 GDP 均较高。阿联酋经济维度得分在近三年报告中均排名前三，表现较为稳定。近年来阿联酋大力吸引外资，改善单一的经济结构，投资和贸易开放程度呈上升趋势。尽管 GDP 总量和人均 GDP 均变化不大，但 2017 年阿联酋 GDP 增长率仅有 0.79%，经济增长放缓。此外，通货膨胀程度低，物价稳定，汇率变动较小，相关指标在 64 国中均排名前三，国内货币和汇率风险低。

表 3-7　　　　阿联酋经济基础维度子指标排名

	经济规模	经济发展水平	经济增长水平	通货膨胀水平	汇率波动状况	宏观债务水平	投资开放程度	贸易开放程度
2018 年评估	13	5	37	2	1	10	34	14
2019 年评估	13	4	55	7	1	8	31	7

Ⅱ. 柬埔寨

柬埔寨以总分 74.52 分位居 64 国第二位。经济增长水平、投资开放程度、贸易开放程度几项指标排名较为靠前；但是经济基础较为薄弱，影响了总体得分。

柬埔寨经济以农业为主，工业基础薄弱，是世界上最不发达国家之一，经济总量和人均 GDP 指标得分均较低。但是近年来该国政府大力吸引外资，大力发展外向型市场经济体系，经济增长速度较快。2017 年柬埔寨的投资和贸易开放程度进一步提高，在 64 国中排名前三。同时国内货币环境相对稳定，通货膨胀水平和汇率波动状况均处于中上水平。目前柬埔寨已成为中国在东南亚第二大投资对象，具有良好的投资前景。

表3-8　　　　　　柬埔寨经济基础维度子指标排名

	经济规模	经济发展水平	经济增长水平	通货膨胀水平	汇率波动状况	宏观债务水平	投资开放程度	贸易开放程度
2018 年评估	45	56	11	23	17	23	3	10
2019 年评估	44	58	7	12	17	18	3	3

Ⅲ. 新加坡

新加坡以总分 74.30 分位居 64 国第三位。在经济发展水平、投资开放水平、贸易开放程度几项指标上居 64 国前三；但是政府公共债务偏高，通货膨胀水平就较高，影响总体得分。

近年来新加坡 GDP 总量始终保持在中上位置。2017 年 GDP 增速略有提升，约为 3.6%，同时第二、第三产业发达，科技水平高，人均 GDP 较高，在 64 国中排名第二，东南亚第一。新加坡通货膨胀程度低，物价稳定，汇率变动较小，国内货币和汇率风险低。新加坡经济对外依存水平高，外来投资数额在 64 国中位居第一位，形成了完善的外向型经济体系。

表 3-9　　　　　　　　新加坡经济基础维度子指标排名

	经济规模	经济发展水平	经济增长水平	通货膨胀水平	汇率波动状况	宏观债务水平	投资开放程度	贸易开放程度
2018 年评估	43	11	40	8	37	58	14	4
2019 年评估	41	11	22	18	18	60	39	6

Ⅳ. 叙利亚

在经济基础排名上，叙利亚以 30.55 分位居倒数第一位，在经济发展水平、通货膨胀水平、汇率波动状况、投资开放程度、贸易开放程度这五项指标上得分均很低。

叙利亚是一个中等收入国家，有丰富的石油和矿产资源，但工业基础尚未完善。自 2011 年内战爆发以来，叙利亚国内局势动荡，经济发展停滞甚至倒退。2017 年叙利亚经济形势依然十分严峻，经济发展水平连续两年在 64 国中排名最后一位，不过人均 GDP 略有恢复。同时受到战乱影响，通货膨胀水平和汇率波动状况均不容乐观。

表3-10　　　　　叙利亚经济基础维度子指标排名

	经济规模	经济发展水平	经济增长水平	通货膨胀水平	汇率波动状况	宏观债务水平	投资开放程度	贸易开放程度
2018年评估	27	48	2	49	21	5	46	60
2019年评估	28	51	20	56	63	5	59	57

V. 埃及

在经济基础排名上，埃及以36.87分位居倒数第二位，在通货膨胀水平和汇率波动状况指标上均在64国中排名倒数第一，成为拉低总分的最主要因素。

受国内外局势影响，近年来埃及政治经济局势历经动荡。2017年埃及经济恢复发展，GDP增长率达4.18%，但总体经济发展形势仍不明朗。尽管在2017年下半年有所回转，但是埃及的通货膨胀率始终居高不下，汇率变动极大，均在64个国家中排名最后。这两项指标体现出该国货币环境充满风险，成为拉低总体得分的主要因素。因此，在经济基础排名上，埃及位居倒数第二位。

表3-11　　　　　埃及经济基础维度子指标排名

	经济规模	经济发展水平	经济增长水平	通货膨胀水平	汇率波动状况	宏观债务水平	投资开放程度	贸易开放程度
2018年评估	8	41	22	60	61	37	58	61
2019年评估	8	41	30	64	64	27	49	61

Ⅵ. 也门共和国

在经济基础排名上,也门以 38.84 分位居倒数第三位,在经济发展水平、经济增长水平、宏观债务水平、投资开放水平几项指标上得分均在 64 国中排名倒数。

也门共和国虽然地处中东,但是自然资源匮乏。自 2015 年内战爆发以来,也门国内局势动荡,经济发展停滞甚至倒退,多项指标都排名落后。2017 年也门共和国经济形势依然十分严峻,通货膨胀水平略有好转但依旧不容乐观,虽然汇率较为平稳,但国内货币环境不佳。此外,也门共和国的经济以农业为主,国内市场相对狭小,经济开放程度不高。

表 3-12 也门共和国经济基础维度子指标排名

	经济规模	经济发展水平	经济增长水平	通货膨胀水平	汇率波动状况	宏观债务水平	投资开放程度	贸易开放程度
2018 年评估	41	61	64	63	1	63	62	59
2019 年评估	48	60	63	47	1	61	59	56

(2) 排名变化分析

与 2018 年评估结果相比,28 国排名上升、30 国排名下降、6 国排名不变,总体变化较为明显,24 个国家排名波动超过或等于 10 位。其中,阿联酋经济状况最好,居于"一带一路"沿线国家第一位。叙利亚代替伊拉克成为 64 国中经济风险最高的国家,经济维度分数最低。

表 3-13　　　　　　　经济基础维度排名变化情况

区域名称	国别与排名变化（-：排名下降）
蒙古国	蒙古国（23）
俄罗斯	俄罗斯（7）
东南亚11国	东帝汶（-21）、泰国（0）、缅甸（9）、菲律宾（-3）、马来西亚（3）、新加坡（4）、文莱（19）、柬埔寨（11）、老挝（3）、印度尼西亚（10）、越南（0）
独联体其他6国	摩尔多瓦（-2）、乌克兰（3）、亚美尼亚（17）、格鲁吉亚（-10）、阿塞拜疆（3）、白俄罗斯（14）
南亚8国	马尔代夫（10）、印度（5）、阿富汗（23）、尼泊尔（22）、不丹（-2）、孟加拉国（-6）、斯里兰卡（-5）、巴基斯坦（1）
西亚北非16国	土耳其（-5）、阿曼（-12）、科威特（-5）、阿联酋（0）、埃及（-1）、伊朗（-12）、以色列（-12）、伊拉克（-36）、卡塔尔（-8）、约旦（-2）、巴林（-6）、也门共和国（1）、沙特阿拉伯（-20）、黎巴嫩（-5）、巴勒斯坦（7）、叙利亚（0）
中东欧16国	北马其顿（-14）、爱沙尼亚（0）、阿尔巴尼亚（-7）、捷克共和国（0）、拉脱维亚（5）、斯洛伐克（-2）、斯洛文尼亚（-3）、克罗地亚（-5）、波兰（18）、罗马尼亚（16）、波黑（2）、匈牙利（-39）、黑山（13）、保加利亚（4）、塞尔维亚（-3）、立陶宛（-4）
中亚5国	吉尔吉斯斯坦（-12）、哈萨克斯坦（20）、塔吉克斯坦（1）、土库曼斯坦（4）、乌兹别克斯坦（-10）

从表 3-13 可以看出，"一带一路"地区中东南亚国家排名总体呈上升趋势，东帝汶与文莱波动相对较大，排名分别下降 21 位与上升 19 位，东南亚国家内部变化趋势差异性明显。独联体国家其他 6 国除摩尔多瓦和格鲁吉亚外，经济发展趋向有所上升。南亚 8 国分别有 5 国经济条件趋好，3 国经济条件变差。西亚北非 16 国经济风险排名普遍下降，尤其是伊拉克与沙特阿拉伯。中东欧 16 国经济指数排名总体变化较小，整体形势好坏参半。中亚 5 国中吉尔吉斯斯坦与哈萨克斯坦排名均变化较大，整体趋势较不明显。

在 2018 年和 2019 年的评估中，蒙古国在经济维度的风险评估中排名上升幅度最大，从第 60 名上升至第 37 名；而匈牙利与伊拉克分别从 2018 年的第 6 名下降至第 45 名、第 23 名下降至第 59 名，下降幅度最大。

Ⅰ. 蒙古国

总体来看，最近一年蒙古国的 GDP、人均 GDP、GDP 增长率、外商投资与进出口占比都有所上升，经济发展总体呈向好趋势。其中值得注意的是，蒙古国外商直接投资占比与进出口占 GDP 总额都有大幅上升，其经济对外联系增强；不仅如此，在公共债务占比一度上升至 GDP 的一半后，蒙古国成功将公共债务占比降低，或将摆脱债务危机。

资源出口是拉动蒙古国经济发展的一辆重量级马车。其煤、铜、黄金等资源大量出口中国，且其依靠资源同样也获得了大量外国投资。依靠资源，蒙古国 GDP 增速曾一度达到 17.3%。

表 3-14　　　　　　蒙古国经济基础维度子指标数据

	GDP（百亿美元[1]）	人均GDP（美元）	GDP增长率（%）	通货膨胀率（%）	外汇官价变动比率（%）	外商直接投资/GDP（%）	(出口+进口)/GDP（%）	公共债务/GDP（%）
2018 年评估	0.36	12220.4	1.17	1.06	8.63	-37.15	68.74	51.7
2019 年评估	0.39	12999.5	5.30	4.05	13.99	13.07	89.08	40.14

注：采用世界银行当前国际美元（PPP）计价，下同。

Ⅱ. 匈牙利

匈牙利的GDP与人均GDP持续保持增长趋势，体现其经济平稳发展的趋势。但是，其通货膨胀率、汇率变动率大幅度上升，外商直接投资比例大幅下降，对总体得分产生了较大影响。

匈牙利具有较为牢固的经济基础。2017年，匈牙利经济总体平稳发展，但是国内投资和货币状况的变化使得该国经济排名大幅下降。匈牙利的主要贸易合作伙伴为欧盟国家，国内投资的大幅减少或是受到欧盟经济疲软的影响。

表3-15　　　　　匈牙利经济基础维度子指标数据

	GDP（百亿美元）	人均GDP（美元）	GDP增长率（%）	通货膨胀率（%）	外汇官价变动比率（%）	外商直接投资/GDP（%）	（出口+进口）/GDP（%）	公共债务/GDP（%）
2018年评估	2.61	26680.6	2.61	0.39	0.78	54.92	155.08	74.66
2019年评估	2.75	28107.9	2.75	2.35	2.52	-9.69	156.44	73.58

Ⅲ. 伊拉克

伊拉克GDP与人均GDP均出现负增长情况，GDP增长率大幅下降。尽管通货膨胀率、外汇官价变动比率趋于稳定，但是外商直接投资百分比持续下降。同时，其进出口总额占GDP比重大幅上升，公共债务占比大幅下降，这两方面的进步仍无法掩盖经济倒退对总成绩产生的影响。

伊拉克的原油储量排名世界第四位，具有发展石油工业的良好条件。自伊拉克战争结束之后，伊拉克经济呈现出快速增长的良好发展势头，增长速度快。近年来，"伊斯兰国"兴起引发的战乱影响了该国经济持续稳定增长，甚至使得该国经济在2017年出现了负增长。

表3-16　　　　　　　伊拉克经济基础维度子指标数据

	GDP（百亿美元）	人均GDP（美元）	GDP增长率（%）	通货膨胀率（%）	外汇官价变动比率（%）	外商直接投资/GDP（%）	（出口+进口）/GDP（%）	公共债务/GDP（%）
2018年评估	6.45	17353.5	13.02	0.53	1.26	0.09	44.86	66.85
2019年评估	6.58	17196.8	-2.07	0.18	0.17	-2.62	62.14	35.39

2. 社会风险

在2019年评估结果中，新加坡、文莱社会环境状况最为优质，居于"一带一路"沿线国家第一、二位。伊拉克排名不变，依旧是社会风险最高的国家，社会维度分数最低。与2018年评估结果相比，可以发现"一带一路"沿线国家的排名和得分情况发生了较大变动。通过分析得分较高和较低的国家的情况，可以看出国家的政治层面因素和经济层面因素都间接影响了社会状况。从区域分布来看，东南亚和欧洲大部分国家得分都相对较高，这些国家政权稳定，间接影响了各指标的评分；而中东和南亚的大部分国家则得分较低。而得分情况也与国家发达程度密切相关。如欧洲国家以及部分东南亚、中东国家因为国家经济状况良好，会更加重视教育、就业等社会问题，这些都会影响最后的得分。

(1) **典型国家评估分析**

选取社会维度评分前三名和末三名的国家作为典型国家进行评估。经过社会维度各子指标的数据计算后，位于社会维度评分前三名的国家为：新加坡、文莱、卡塔尔；位于社会维度评分后三名的国家为：伊拉克、阿富汗、也门共和国。

表3-17　　　　　　　社会风险维度得分排名情况

排名	国家	得分	排名	国家	得分
1	新加坡	93.49	33	亚美尼亚	71.81
2	文莱	87.69	34	越南	71.60
3	卡塔尔	84.70	35	立陶宛	71.04
4	巴林	84.19	36	波黑	69.79
5	马来西亚	83.81	37	蒙古国	69.24
6	捷克	83.47	38	塞尔维亚	69.20
7	格鲁吉亚	81.24	39	黑山	68.87
8	哈萨克斯坦	80.04	40	不丹	68.76
9	阿塞拜疆	78.93	41	阿尔巴尼亚	68.59
10	波兰	78.91	41	克罗地亚	67.80
11	以色列	78.69	43	乌克兰	65.99
12	阿联酋	78.39	44	塔吉克斯坦	65.93

续表

排名	国家	得分	排名	国家	得分
13	斯洛文尼亚	78.10	45	柬埔寨	65.71
14	科威特	77.69	46	孟加拉国	64.69
15	泰国	76.99	47	乌兹别克斯坦	62.61
16	北马其顿	76.51	48	黎巴嫩	61.81
17	匈牙利	76.41	49	俄罗斯	61.67
18	斯洛伐克	76.33	50	缅甸	61.20
19	罗马尼亚	76.23	51	菲律宾	60.70
20	拉脱维亚	75.51	52	埃及	60.36
21	斯里兰卡	75.50	53	巴勒斯坦	58.90
22	白俄罗斯	75.50	54	伊朗	58.86
23	约旦	75.46	55	印度	58.50
24	土耳其	75.39	56	巴基斯坦	56.47
25	沙特阿拉伯	75.00	57	东帝汶	56.20
26	马尔代夫	74.90	58	尼泊尔	55.01
27	爱沙尼亚	74.60	59	老挝	54.39
28	阿曼	74.20	60	土库曼斯坦	53.70
29	吉尔吉斯斯坦	73.00	61	叙利亚	48.19
30	印度尼西亚	72.96	62	也门共和国	40.71
31	保加利亚	72.31	63	阿富汗	40.30
32	摩尔多瓦	71.97	64	伊拉克	39.31

Ⅰ. 新加坡

七项子指标中,新加坡的商务环境自由度、劳动力自由度、贫困水平、社会犯罪率在"一带一路"沿线64国中情况最好,均列首位,总体来讲各项指标都处于最优状态,总分为93.49分。新加坡法律法规完善，社会犯罪率低，每十万人的谋杀率仅为 0.2，为世界最低。新加坡的投资环境吸引力强，在 2018 年《全球经济自由度指数报告》中，新加坡排名第二位，仅次于中国香港。

表 3-18　　　　　新加坡社会风险维度子指标排名

	非贫困水平	文化水平	无犯罪水平	就业水平	投资环境自由度	商务环境自由度	劳动力自由度
2018 年评估	1	33	1	8	6	1	1
2019 年评估	1	33	1	23	2	1	1

Ⅱ. 文莱

文莱以总分 87.69 分位居 64 国第二位。其贫困水平、社会犯罪率低，商务环境自由度以及劳动力自由度均处于较高水平。

文莱政府实行高福利政策、普遍就业和高工资制，有利于整体社会的稳定。文莱重视用立法来维护国家的核心价值。2014 年，文莱正式实施《伊斯兰刑法》，把伊斯兰法律融入现有的刑事司法系统，以完善伊斯兰法律体系，更好地维护社会稳定。除此之外，文莱税赋水平较低，基础设施完善，投资风险较低，投资环境优越。文莱政府为实现多元化发展，重视建设良好的商业和投资环境，提供了该地区最宽松的税收环境。

表3-19　文莱社会风险维度子指标排名

	非贫困水平	文化水平	无犯罪水平	就业水平	投资环境自由度	商务环境自由度	劳动力自由度
2018年评估	2	36	2	9	25	12	2
2019年评估	2	37	4	29	22	6	2

Ⅲ. 卡塔尔

卡塔尔以总分84.70分位居64国第三位。其贫困水平、社会犯罪率以及失业率均处于较低水平。

卡塔尔政局稳定，保证了社会、经济的长期稳定。卡塔尔借助石油收入发展国民经济，全面实行社会福利制，国民收入的再分配弥补了公民收入差距，缓和了社会成员之间的对立，实现了社会的长期稳定。且稳定的社会有助于吸引外国投资者，政府也出台一系列政策给予外国投资者一定的优惠待遇。

表3-20　卡塔尔社会风险维度子指标排名

	非贫困水平	文化水平	无犯罪水平	就业水平	投资环境自由度	商务环境自由度	劳动力自由度
2018年评估	3	31	4	1	36	27	26
2019年评估	3	29	2	1	27	28	26

Ⅳ. 伊拉克

伊拉克在64国中排名最后一位，总分是39.31分。其文化水平、失业人口、犯罪率、投资环境自由度评分均低于50分，在"一带一路"沿线国家中处于偏下或极下水平。根据世界银行显示，伊拉克每十万人他杀率高达66.1，识字率仅达到56.32%，失业水平在18.9%左右，各指标风险高于其他绝大多数国家。

导致伊拉克各项指标均处于极弱势水平的主要是战争。伊拉克战争对其国内基建的摧毁与不断爆发的局部内战使伊拉克陷入发展困境，政治经济制度掣肘，激烈的暴力冲突殃及普通民众，这是促成伊拉克高犯罪率、高失业率、低文化水平与低贸易水平的重要因素。

表3-21　　　　伊拉克社会风险维度子指标排名

	非贫困水平	文化水平	无犯罪水平	就业水平	投资环境自由度	商务环境自由度	劳动力自由度
2018年评估	40	61	64	56	63	51	22
2019年评估	37	63	62	64	39	51	18

Ⅴ. 阿富汗

阿富汗位于64国中的倒数第二位，社会维度总分为40.30分。其贫困水平、犯罪率高，文化水平低，投资环境自由度以及商务环境自由度评分均低于50分，在"一带一路"沿线国家中处于靠后水平。

贫困和失业是困扰阿富汗的两大问题。阿富汗经济部此前发布的数据显示，39%的阿富汗人民生活在贫困线以下，23%的阿富汗人处于失业状态。高失业率已成为阿富汗国内犯罪率上升的一大主因。长期存在的安全问题也极大地降低了外国投资者在阿富汗投资的意愿。

表3-22　　阿富汗社会风险维度子指标排名

	非贫困水平	文化水平	无犯罪水平	就业水平	投资环境自由度	商务环境自由度	劳动力自由度
2018年评估	61	64	56	39	60	53	37
2019年评估	61	64	59	22	60	58	44

Ⅵ. 也门共和国

也门共和国位于64国中的倒数第三位，社会维度总分为40.71分。其贫困水平、失业率、犯罪率高，文化水平低，商务环境自由度以及劳动力自由度评分均低于50分，在"一带一路"沿线国家中处于靠后水平。

根据世界银行显示，也门共和国每十万人他杀率高达66.6，贫困比例高达48.60%，其他各指标风险也高于其他绝大多数国家。也门共和国2015年爆发内战，战争是导致也门共和国各项社会指标均处于极弱状态的原因。

表3-23　　也门共和国社会风险维度子指标排名

	非贫困水平	文化水平	无犯罪水平	就业水平	投资环境自由度	商务环境自由度	劳动力自由度
2018年评估	64	56	57	59	62	58	47
2019年评估	63	57	60	61	42	59	51

(2) 排名变化分析

与 2018 年评估结果相比,社会维度有 29 国排名上升、24 国排名下降、11 国排名不变。总体变化明显,17 个国家排名波动大于等于 10 名。其中,新加坡连续两年社会维度分数最高,伊拉克连续两年倒数第一。具体排名变化如表 3-24 所示。

表 3-24　　　　　　　　社会风险维度排名变化情况

区域名称	国别与排名变化(-:排名下降)
蒙古国	蒙古国(-6)
俄罗斯	俄罗斯(-6)
东南亚 11 国	东帝汶(-6)、泰国(5)、缅甸(-11)、菲律宾(-16)、马来西亚(-2)、新加坡(0)、文莱(0)、柬埔寨(1)、老挝(-7)、印度尼西亚(19)、越南(2)
独联体其他 6 国	摩尔多瓦(1)、乌克兰(5)、亚美尼亚(-6)、格鲁吉亚(0)、阿塞拜疆(0)、白俄罗斯(-4)
南亚 8 国	马尔代夫(-6)、印度(19)、阿富汗(-5)、尼泊尔(1)、不丹(2)、孟加拉国(-5)、斯里兰卡(10)、巴基斯坦(0)
西亚北非 16 国	土耳其(5)、阿曼(19)、科威特(5)、阿联酋(4)、埃及(1)、伊朗(6)、以色列(4)、伊拉克(0)、卡塔尔(10)、约旦(22)、巴林(1)、也门共和国(0)、沙特阿拉伯(0)、黎巴嫩(-4)、巴勒斯坦(-23)、叙利亚(0)
中东欧 16 国	北马其顿(34)、爱沙尼亚(-17)、阿尔巴尼亚(-7)、捷克共和国(-2)、拉脱维亚(-12)、斯洛伐克(0)、斯洛文尼亚(11)、克罗地亚(-2)、波兰(4)、罗马尼亚(3)、波黑(1)、匈牙利(-11)、黑山(-11)、保加利亚(-20)、塞尔维亚(0)、立陶宛(-12)
中亚 5 国	吉尔吉斯斯坦(-3)、哈萨克斯坦(4)、塔吉克斯坦(10)、土库曼斯坦(3)、乌兹别克斯坦(8)

从表 3-24 可以看出,"一带一路"地区中蒙古国、俄罗斯和独联体国家排名稳定。东南亚 11 国中

缅甸、菲律宾和印度尼西亚排名变化幅度大，缅甸和菲律宾排名下降，印度尼西亚社会维度条件趋好。西亚北非16国中除黎巴嫩和巴勒斯坦外，其他国家排名皆保持稳定或有所上升，黎巴嫩排名下降幅度小，巴勒斯坦排名下降大。南亚8国和中东欧16国排名不稳定。中亚5国除吉尔吉斯斯坦外排名皆有小幅度的上升。

Ⅰ. 北马其顿

北马其顿的社会维度排名在2018年评估结果中位居第50名，2019年评估结果跃升至第16名，上升了34名，其中文化水平方面的数据由于官方数据未更新，沿用2018年数据。北马其顿在贫困指数、失业率、投资环境自由度、商务环境自由度和劳动力自由度方面都有所好转。

北马其顿排名上升最主要的原因就在于国内经济背景改善以及社会环境的优良发展。北马其顿大力推进基础设施建设，已经建设了一些基础设施投资项目，重点包括泛欧8号走廊铁路，特别是基切沃至阿尔巴尼亚段（耗资5亿欧元），韦莱斯至普利莱普公路。还有10号走廊的北马其顿—希腊和北马其顿—塞尔维亚铁路现代化改造，以及全国路网翻修。

表 3-25　　　　　北马其顿社会风险维度子指标数据

	贫困人口比例（%）	识字水平（%）	他杀率（每10万人）	失业率（%）	投资环境自由度	商务环境自由度	劳动力自由度
2018年评估	22.1	96.13	1.6	26.73	60	81.5	66.7
2019年评估	21.9	96.13	1.6	11.00	65	82.9	69.0

Ⅱ. 约旦

约旦的社会维度排名从 2018 年的第 45 名上升到第 23 名，上升 22 名。约旦在社会犯罪率、失业率、投资环境自由度、商务环境自由度和劳动力自由度方面的条件都有所优化。其中，商务环境自由度和劳动力自由度改善最多。

约旦政治经济和文化生活稳定，人民生活较为富裕。现任国王推行经济改革，促进国有企业私有化，扩大对外贸易并吸引海外投资，实现了经济的快速增长。

表 3-26　　　　　约旦社会风险维度子指标数据

	贫困人口比例（%）	识字水平（%）	他杀率（每10万人）	失业率（%）	投资环境自由度	商务环境自由度	劳动力自由度
2018年评估	14.4	97.89	2.0	13.24	65	51.5	49.5
2019年评估	14.4	97.89	1.5	11.00	70	63.0	58.9

Ⅲ. 巴勒斯坦

巴勒斯坦从 2018 年的第 30 名降至 2019 年的第 53

名，下降23名。贫困指数和文化水平由于没有官方的数据更新，沿用2018年的数据。在社会维度，巴勒斯坦的社会犯罪率上升，失业率、投资环境自由度、商务环境自由度和劳动力自由度都没有改变，然而由于其他国家的发展，巴勒斯坦在社会维度的排名下降极快。

巴勒斯坦长期受到巴以冲突和中东问题的困扰，宗教矛盾和冲突也比较严重。其国内政局不稳定，难民较多，贫困水平极高。

表3-27　　　　巴勒斯坦社会风险维度子指标数据

	贫困人口比例（%）	识字水平（%）	他杀率（每10万人）	失业率（%）	投资环境自由度	商务环境自由度	劳动力自由度
2018年评估	68.7	94.62	1.0	6.61	52.2	66.2	62.6
2019年评估	68.7	94.62	4.4	6.61	52.2	66.2	62.6

3. 政治风险

根据2019年的评估分析，新加坡、爱沙尼亚、捷克共和国三国的政治风险评分最高、政治环境最好、政治风险最低，居于"一带一路"沿线国家前三位。叙利亚排名不变，依旧是政治风险最高的国家。具体排名参见表3-28。

与2018年评估结果相比，可以发现"一带一路"沿线国家的政治维度排名和得分情况发生了一定变动，总体评分略有下降。通过分析得分较高和较低的国家的情况，结合相关具体维度数据，可以得出各国家和地区政治风险变化原因。从区域分布来看，东南亚和欧洲大部分国家得分都相对较高，而中东国家排名较低、政治风险较高。

(1) 典型国家评估分析

选取政治维度评分前三名和末三名的国家作为典型国家进行评估。经过政治维度各子指标的数据计算后，位于政治维度评分前三名的国家为：新加坡、爱沙尼亚、捷克共和国；位于政治维度评分后三名的国家为：叙利亚、也门共和国、阿富汗。

表3-28 政治风险维度得分排名情况

排名	国家	得分	排名	国家	得分
1	新加坡	90.98	33	泰国	44.68
2	爱沙尼亚	87.74	34	亚美尼亚	42.24
3	捷克共和国	82.95	35	菲律宾	41.67
4	斯洛文尼亚	81.81	36	越南	41.54
5	立陶宛	80.05	37	土耳其	40.98
6	拉脱维亚	77.20	38	波黑	40.58
7	斯洛伐克	75.18	39	哈萨克斯坦	38.91
8	波兰	74.68	40	摩尔多瓦	38.55
9	以色列	73.20	41	巴勒斯坦	36.35
10	文莱	71.86	41	东帝汶	32.14
11	不丹	70.37	43	白俄罗斯	31.84
12	匈牙利	69.32	44	马尔代夫	31.30

续表

排名	国家	得分	排名	国家	得分
13	克罗地亚	68.84	45	乌克兰	30.01
14	阿联酋	68.39	46	阿塞拜疆	27.51
15	格鲁吉亚	65.29	47	老挝	27.34
16	卡塔尔	63.78	48	俄罗斯	27.12
17	保加利亚	61.41	49	尼泊尔	26.55
18	马来西亚	61.40	50	吉尔吉斯斯坦	25.99
19	罗马尼亚	59.93	51	黎巴嫩	25.22
20	阿曼	59.27	52	柬埔寨	24.55
21	黑山	55.81	53	巴基斯坦	22.99
22	阿尔巴尼亚	53.85	54	埃及	22.57
23	蒙古国	52.57	55	孟加拉国	21.96
24	塞尔维亚	52.36	56	伊朗	21.46
25	北马其顿	51.09	57	缅甸	19.77
26	约旦	50.11	58	乌兹别克斯坦	16.55
27	斯里兰卡	47.87	59	塔吉克斯坦	10.64
28	印度	47.63	60	土库曼斯坦	9.74
29	印度尼西亚	47.02	61	伊拉克	8.46
30	科威特	46.97	62	阿富汗	7.43
31	巴林	46.06	63	也门共和国	1.83
32	沙特阿拉伯	45.49	64	叙利亚	1.34

Ⅰ. 新加坡

从政治维度看，新加坡以总分90.98分位居64国第一位。在2019年报告的政治风险分析中，作为风险相对最小的国家，新加坡一直稳居第一，政治稳定、政治效率、监管质量、法制建设及腐败控制都位居第一位。问责排名较低，但也较2018年略有提升。

新加坡具有精英治理下秩序良好的威权主义国家

体制、有限竞争的选举政治、鲜明儒家政治文化特点等政治现代化要素，政治现代化水平较高。

表3-29　　　　　新加坡政治风险维度子指标排名

	问责	政治稳定	政府效率	监管质量	法制建设	腐败控制
2018年评估	29	1	1	1	1	1
2019年评估	27	1	1	1	1	1

Ⅱ. 爱沙尼亚

爱沙尼亚以总分87.74分位居64国第二位。爱沙尼亚问责情况、监管质量、法制建设、腐败控制均稳居64国中前三位，其中，问责近两年都排名第一。政府稳定排名相对较低，在十名以外。总体上来看，爱沙尼亚居于较优状态。

爱沙尼亚独立以来，把尽快加入欧盟等国际组织作为国家发展的首要目标，并从政治、经济、法律等各方面开展改革，建立了良好的社会秩序。从总体上说，爱沙尼亚政局保持稳定，社会秩序良好。

表3-30　　　　　爱沙尼亚政治风险维度子指标排名

	问责	政治稳定	政府效率	监管质量	法制建设	腐败控制
2018年评估	1	11	4	2	2	3
2019年评估	1	12	6	2	2	3

Ⅲ. 捷克共和国

捷克共和国以总分 82.95 分位居 64 国第三位。捷克共和国问责情况、政治稳定、法制建设均稳居 64 国中前五位，其中，法制建设近两年都稳居第三。腐败控制排名相对较低，近两年皆在十名以外。

表 3-31　　　　　捷克共和国政治风险维度子指标排名

	问责	政治稳定	政府效率	监管质量	法制建设	腐败控制
2018 年评估	2	4	7	7	3	12
2019 年评估	4	4	7	4	3	11

Ⅳ. 叙利亚

叙利亚以总分 1.34 分位居 64 国最后一位。政治维度 6 项子指标中，叙利亚问责、政治稳定、政府效率、监管质量、法制建设、腐败控制均处于末三位。总体来看，叙利亚各项指标均处于 64 国之末。

2011 年年初起的叙利亚政府与叙利亚反对派组织、IS 之间的冲突引发的内战，给叙利亚造成了极大影响，至今政治局势依旧动荡，国家仍处于重建状态。但也应该看到，随着政治局势趋缓，叙利亚的政治风险评分也有所上升。政治稳定、政府效率排名均有小幅度提升。

表3-32 叙利亚政治风险维度子指标排名

	问责	政治稳定	政府效率	监管质量	法制建设	腐败控制
2018年评估	63	64	64	63	64	63
2019年评估	63	62	63	63	64	63

V. 也门共和国

也门共和国以总分1.83分位居64国第63位。政治维度6项子指标中，也门共和国问责居于后六位，政治稳定、政府效率、监管质量、法制建设、腐败控制均处于末三位，情况很差。

也门共和国的危机已经持续了许多年，自2011年政局动荡以来，也门共和国国内安全局势持续恶化，严重影响相关指标表现。

表3-33 也门共和国政治风险维度子指标排名

	问责	政治稳定	政府效率	监管质量	法制建设	腐败控制
2018年评估	58	63	63	61	61	64
2019年评估	59	64	64	62	63	64

VI. 阿富汗

阿富汗以总分7.43分位居64国第62位。政治维度6项子指标中，阿富汗除了问责以外，政治稳定、政府效率、监管质量、法制建设、腐败控制均处于后四位，情况很差。

近年来，阿富汗政治与经济重建虽取得积极进展，但安全局势持续不靖，塔利班依旧活跃，塔利班与阿富汗政府的和谈断断续续，迄今未取得实质性进展。

表3-34　　　　　阿富汗政治风险维度子指标排名

	问责	政治稳定	政府效率	监管质量	法制建设	腐败控制
2018年评估	44	62	61	60	62	62
2019年评估	42	63	62	61	61	62

（2）排名变化分析

2019年政治风险维度得分情况及各个国家的排名情况与2018年评估结果进行对比，可以发现"一带一路"沿线国家在政治风险评估分数排名中，绝大多数国家虽因为各自国内状况的年度差异，导致指标得分出现不同程度浮动，但总体排名较2018年波动不大，波动范围大多在5名之内。

表3-35　　　　　政治风险维度排名变化情况

区域名称	国别与排名变化（-：排名下降）
蒙古国	蒙古国（-1）
俄罗斯	俄罗斯（1）
东南亚11国	东帝汶（1）、泰国（0）、缅甸（-2）、菲律宾（3）、马来西亚（-1）、新加坡（0）、文莱（1）、柬埔寨（-4）、老挝（-2）、印度尼西亚（2）、越南（0）

续表

区域名称	国别与排名变化（-：排名下降）
独联体其他6国	摩尔多瓦（1）、乌克兰（-1）、亚美尼亚（-2）、格鲁吉亚（1）、阿塞拜疆（0）、白俄罗斯（-1）
南亚8国	马尔代夫（-5）、印度（6）、阿富汗（-1）、尼泊尔（1）、不丹（9）、孟加拉国（-8）、斯里兰卡（-2）、巴基斯坦（3）
西亚北非16国	土耳其（-2）、阿曼（-3）、科威特（-1）、阿联酋（-4）、埃及（0）、伊朗（-3）、以色列（0）、伊拉克（0）、卡塔尔（-2）、约旦（0）、巴林（-4）、也门共和国（-1）、沙特阿拉伯（-2）、黎巴嫩（0）、巴勒斯坦（0）、叙利亚（-1）
中东欧16国	北马其顿（3）、爱沙尼亚（0）、阿尔巴尼亚（2）、捷克共和国（1）、拉脱维亚（1）、斯洛伐克（1）、斯洛文尼亚（-1）、克罗地亚（0）、波兰（-2）、罗马尼亚（-4）、波黑（-1）、匈牙利（0）、黑山（0）、保加利亚（2）、塞尔维亚（-1）、立陶宛（0）
中亚5国	吉尔吉斯斯坦（2）、哈萨克斯坦（1）、塔吉克斯坦（-1）、土库曼斯坦（-1）、乌兹别克斯坦（-1）

根据表3-35，排名上升情况中较为明显的国家包括：不丹排名上升9名（20到11），印度排名上升6名（34到28），巴基斯坦排名上升4名（56到53）；下降相对明显的国家包括：孟加拉国排名下降8名（47到55），马尔代夫排名下降5名（39到44），巴林排名下降4名（27到31），阿联酋排名下降4名（10到14），罗马尼亚排名下降4名（15到19）。

Ⅰ. 不丹

不丹2019年政治因素子指标评估，除了在监管质量上下降明显外，在问责、政治稳定、政府效率、法制建设、腐败控制上都有明显的增长。不丹在政治维度的排名有所提升，提升了9名。

南亚地区的区域政治分歧严重,这是一个政治维度的负面因素。然而近年来,不丹发展情况令人瞩目,2018年,根据联合国发展政策委员会报告,不丹有望脱离最不发达国家名单。2018年11月7日洛塔·策林就任不丹新首相,策林强调"求变",强调自力更生,主张经济发展多元化。

表3-36　　　　　不丹政治风险维度子指标数据

	问责	政治稳定	政府效率	监管质量	法制建设	腐败控制
2018年评估	50.10	83.25	24.00	25.49	70.71	85.50
2019年评估	52.33	89.95	69.50	37.75	76.77	94.50

Ⅱ. 印度

印度在问责、政治稳定、政府效率、监管质量、法制建设、腐败控制方面都有一定提升。

表3-37　　　　　印度政治风险维度子指标数据

	问责	政治稳定	政府效率	监管质量	法制建设	腐败控制
2018年评估	65.69	14.35	39.00	40.20	54.04	48.00
2019年评估	67.36	17.22	55.00	41.18	54.55	49.50

Ⅲ. 孟加拉国

孟加拉国在2019年政治因素子指标评估上,除了政治稳定与政府效率基本不变之外，问责、质量监管、法制建设、腐败控制都有明显的下降。孟加拉国在政治维度排名中下降较大，下降了8名。

近年来，中国和孟加拉国两国间的经贸合作也不断深化，但是孟加拉国自2014年大选之后政治有不稳定因素，导致其政治维度的排名相较2018年也下降比较大。

表3-38　　　　孟加拉国政治风险维度子指标数据

	问责	政治稳定	政府效率	监管质量	法制建设	腐败控制
2018年评估	34.52	10.53	19.00	20.59	52.02	21.00
2019年评估	33.40	10.53	19.00	19.12	28.79	19.00

4. 中国因素

与2018年评估结果相比，中国因素总分变化不大，但分差相对缩小。2019年报告中新增加了"是否签订'一带一路'共建协议""是否签订双边货币互换协定"这两个子指标后，使数据的覆盖更加全面、准确。具体排名参见表3-39。

（1）典型国家评估分析

选取中国因素维度评分前三名和末三名的国家作为典型国家进行评估。经过中国因素维度各子指标的数据计算后，位于中国因素维度评分前三名的国家为：

老挝、泰国、马来西亚；位于中国因素维度评分后三名的国家为：不丹、巴勒斯坦、摩尔多瓦。

表 3-39　　　　　中国因素维度得分排名情况

排名	国家	得分	排名	国家	得分
1	老挝	83.03	33	约旦	59.31
2	泰国	79.39	34	菲律宾	58.24
3	马来西亚	79.24	35	塞尔维亚	57.75
4	巴基斯坦	78.80	36	阿曼	57.46
5	新加坡	77.43	37	印度	55.33
6	蒙古国	77.21	38	波黑	54.36
7	阿联酋	76.51	39	尼泊尔	53.10
8	土库曼斯坦	75.59	40	亚美尼亚	53.09
9	乌兹别克斯坦	74.75	41	克罗地亚	53.07
10	哈萨克斯坦	73.97	41	拉脱维亚	51.80
11	俄罗斯	73.86	43	北马其顿	51.54
12	柬埔寨	73.04	44	黎巴嫩	50.05
13	吉尔吉斯斯坦	73.02	45	捷克共和国	49.95
14	越南	71.17	46	斯洛文尼亚	49.70
15	埃及	69.96	47	格鲁吉亚	49.11
16	印度尼西亚	69.28	48	也门共和国	48.43
17	文莱	68.85	49	罗马尼亚	48.00
18	塔吉克斯坦	68.77	50	阿尔巴尼亚	47.87
19	斯里兰卡	67.38	51	东帝汶	47.56
20	乌克兰	67.34	52	黑山	47.51
21	卡塔尔	66.93	53	爱沙尼亚	46.91
22	沙特阿拉伯	66.63	54	马尔代夫	46.44
23	缅甸	66.23	55	斯洛伐克	45.96
24	伊拉克	65.87	56	波兰	45.16

续表

排名	国家	得分	排名	国家	得分
25	科威特	64.62	57	叙利亚	44.49
26	白俄罗斯	63.93	58	保加利亚	39.67
27	土耳其	63.93	59	立陶宛	38.70
28	匈牙利	63.35	60	巴林	35.67
29	孟加拉国	63.05	61	阿富汗	35.65
30	伊朗	60.66	62	摩尔多瓦	31.65
31	以色列	59.71	63	巴勒斯坦	26.86
32	阿塞拜疆	59.70	64	不丹	9.78

Ⅰ.老挝

在中国因素维度方面，老挝以总分83.03分位居64国第一位。七项子指标中，老挝的"一带一路"政府间合作协议、双边投资协议、双边货币互换协定等三项因素均列首位。综合来看，老挝中国因素维度中各项子指标得分均较高。

2018年是中老经贸关系升温的一年。老挝对华出口量占其出口总量的比重超过80%，出口依存度排在所有"一带一路"沿线国家的第5位，进口依存度也达到73%。2017年11月，中国国家主席习近平访问老挝，双方签署了中老经济走廊建设、基础设施建设、数字丝绸之路和人力资源等多个领域的合作文件，中老合作项目相继展开。

表 3-40　　老挝中国因素维度子指标排名

	"一带一路"协议	BIT	双边货币互换协定	中国出口依存度	中国进口依存度	中国投资依存度	中国不良投资程度
2018 年评估	—	1	—	5	15	12	1
2019 年评估	1	1	1	5	18	10	1

Ⅱ. 泰国

泰国以总分 79.39 分排名第二位。七项子指标中，泰国的"一带一路"政府间合作协议、双边投资协议、双边货币互换协定等三项因素均列首位。相较于 2018 年报告，中国企业 2018 年在泰国的投资没有明显亏损，且其余三项子指标排名也均出现上升。

泰国政府积极支持"一带一路"倡议，对接其国家发展战略"东部经济走廊（EEC）"计划，大幅放宽外资对泰国东部地区投资的限制。中国是泰国最大的贸易伙伴，泰国也是中国在东盟国家的第三大贸易伙伴，两国经贸关系稳步推进。

表 3-41　　泰国中国因素维度子指标排名

	"一带一路"协议	BIT	双边货币互换协定	中国出口依存度	中国进口依存度	中国投资依存度	中国不良投资程度
2018 年评估	—	1	—	12	24	25	23
2019 年评估	1	1	1	11	16	21	64

Ⅲ. 马来西亚

马来西亚以总分 79.24 分排名第三位。七项子指标中，马来西亚的"一带一路"政府间合作协议、双边投资协议、双边货币互换协定等三项因素均列首位。中国企业在马来西亚的业绩良好，亏损投资程度位于 64 国的最末。

现任马来西亚总理马蒂哈尔高度评价"一带一路"倡议，积极推动两国经贸合作，反对逆全球化和贸易保护主义。马来西亚与中国的贸易相互依存度较高，推动该国的中国因素得分排名上升。

表 3-42　　　　马来西亚中国因素维度子指标排名

	"一带一路"协议	BIT	双边货币互换协定	中国出口依存度	中国进口依存度	中国投资依存度	中国不良投资程度
2018 年评估	—	1	—	8	16	3	64
2019 年评估	1	1	1	9	18	3	64

Ⅳ. 不丹

不丹在 2019 年评估中仍居于中国因素维度的最后一名，且得分较 2018 年有所下降。七项子指标中，不丹的"一带一路"政府间合作协议、双边投资协议、双边货币互换协定、中国进口依存度这四项指标排名都在最末，中国出口依存度排名倒数第二位。

首先，不丹尚未和中国签署"一带一路"相关政府间合作协议、双边贸易协定、双边货币互换协定，导致得分偏低。其次，中国和不丹还没有建立外交关系，不丹与中国的贸易相互程度也很低。因此不丹的中国因素维度评分非常低。

表3-43　　　　　　　不丹中国因素维度子指标排名

	"一带一路"协议	BIT	双边货币互换协定	中国出口依存度	中国进口依存度	中国投资依存度	中国不良投资程度
2018年评估	—	3	—	64	64	57	—
2019年评估	3	3	3	63	64	—	15

V. 巴勒斯坦

巴勒斯坦的中国因素维度得分居于64国的倒数第二位，与2018年评估相比没有变化。巴勒斯坦对中国进口依存度的排名比2018年高7名，然而中国在巴勒斯坦的投资额、巴勒斯坦出口依存度均下降，所以巴勒斯坦的中国因素得分仍然很低。

巴勒斯坦虽与中国签订了政府间"一带一路"合作协议，但没有签署配套协议如双边货币互换协定和双边贸易协定，再加上该国政治经济局势的持续不稳定，极大地影响了中国与巴勒斯坦的经贸关系。

表 3-44　　　　　巴勒斯坦中国因素维度子指标排名

	"一带一路"协议	BIT	双边货币互换协定	中国出口依存度	中国进口依存度	中国投资依存度	中国不良投资程度
2018 年评估	—	3	—	62	62	62	—
2019 年评估	1	3	3	64	55	63	15

Ⅵ. 摩尔多瓦

摩尔多瓦的中国因素维度排名居倒数第三位。根据 2017 年数据，2018 年评估显示中国企业在摩尔多瓦投资没有明显亏损，但 2019 年评估亏损投资上升到第 15 名，显示了中国企业在摩投资的亏损风险加大。

表 3-45　　　　　摩尔多瓦中国因素维度子指标排名

	"一带一路"协议	BTI	双边货币互换协定	中国出口依存度	中国进口依存度	中国投资依存度	中国不良投资程度
2018 年评估	—	1	—	51	61	63	—
2019 年评估	3	1	3	56	40	64	15

（2）排名变化分析

与 2018 年的数据相比，中国因素维度 29 国排名上升、30 国排名下降、5 国排名不变。总体排名波动不大，有 19 个国家排名波动超过或等于 10 位，其余 45 个国家排名波动为个位数。但个别国家波动较大，如也门共和国变化最大，下降了 42 个名次；塞尔维亚则上升了 23 个名次。

表 3-46　中国因素维度排名变化情况

区域名称	国别与排名变化（-：排名下降）
蒙古国	蒙古国（8）
俄罗斯	俄罗斯（1）
东南亚 11 国	东帝汶（10）、泰国（19）、缅甸（0）、菲律宾（-8）、马来西亚（-2）、新加坡（17）、文莱（21）、柬埔寨（5）、老挝（1）、印度尼西亚（-8）、越南（-7）
独联体其他 6 国	摩尔多瓦（-6）、乌克兰（-1）、亚美尼亚（0）、格鲁吉亚（-6）、阿塞拜疆（2）、白俄罗斯（3）
南亚 8 国	马尔代夫（1）、印度（-13）、阿富汗（1）、尼泊尔（5）、不丹（0）、孟加拉国（14）、斯里兰卡（9）、巴基斯坦（1）
西亚北非 16 国	土耳其（0）、阿曼（-25）、科威特（-10）、阿联酋（11）、埃及（-2）、伊朗（3）、以色列（-1）、伊拉克（12）、卡塔尔（10）、约旦（9）、巴林（-8）、也门共和国（-42）、沙特阿拉伯（-12）、黎巴嫩（4）、巴勒斯坦（0）、叙利亚（-3）
中东欧 16 国	北马其顿（-6）、爱沙尼亚（-4）、阿尔巴尼亚（-17）、捷克共和国（14）、拉脱维亚（18）、斯洛伐克（-9）、斯洛文尼亚（1）、克罗地亚（-6）、波兰（-5）、罗马尼亚（-17）、波黑（19）、匈牙利（-3）、黑山（-7）、保加利亚（-8）、塞尔维亚（23）、立陶宛（-6）
中亚 5 国	吉尔吉斯斯坦（-9）、哈萨克斯坦（-1）、塔吉克斯坦（3）、土库曼斯坦（-5）、乌兹别克斯坦（7）

从表 3-46 可以看出，"一带一路"地区中中国因素维度评估的区域化差异明显：东南亚 11 国中超过半数国家排名有一定幅度的上升，仅菲律宾、马来西亚、印度尼西亚、越南四国排名有小幅度下降。南亚 8 国除印度下降超过 10 名以外，均普遍上升。独联体 6 国中仅白俄罗斯和阿塞拜疆排名有所上升，亚美尼亚排名不变，其余国家均不同程度下降。西亚北非、中亚地区内部差异明显，其中也门以下降 42 名成为波动最

大的国家。中东欧国家超过半数中国因素维度排名出现下降。

Ⅰ. 塞尔维亚

塞尔维亚的中国因素维度排名上升了23位，是上升幅度最大的国家。从表3-47可以看出，塞尔维亚在2018年扩大了对华进出口，尤其是进口较前一年翻了大约20倍，并且中国也加大了在塞尔维亚的投资。

2018年上半年塞尔维亚的国内生产总值（GDP）增长在4.6%左右，是欧洲国内生产总值增长最多的国家之一。得益于塞尔维亚国内的经济改革和营商环境改善，中塞两国在经贸上展开更深层次的合作。塞尔维亚是中东欧地区第一个同中国建立战略伙伴关系的国家，塞尔维亚总统武契奇多次表示将利用两国全面战略伙伴关系，积极推动两国逐渐将单一的商品贸易扩展到投资互利合作、给予中国投资企业国民待遇等政策倾斜，为中资企业提供更大的便利。两国在基础设施、能源、农业、信息科技、旅游等领域都有密切合作。塞尔维亚正处于大力推动开发建设、振兴国民经济的重要阶段，有关发展规划及建设项目亟待落实，资金、技术等要素缺口较大，是中国企业、公民赴塞尔维亚兴业的良好机遇。因此，塞尔维亚的排名上升幅度最大。

表 3-47　　　　　塞尔维亚中国因素维度子指标数据

	"一带一路"协议	BIT	双边货币互换协定	中国出口依存度（%）	中国进口依存度（%）	中国投资依存度（亿美元）	中国不良投资程度
2018 年评估	—	100	—	1.10	2.24	41.60	—
2019 年评估	100	100	0	6.08	44.81	66.60	0

Ⅱ. 文莱

文莱的中国因素维度排名上升幅度排在第二位，上升了 21 名。文莱的对华进口和出口依存度均有一定程度的上升。由于 2018 年 11 月文莱与中国签订了"一带一路"相关合作协议，也提高了文莱中国因素维度的评分。

2018 年 11 月，习近平主席对文莱进行国事访问，两国元首会谈后签署的《中华人民共和国和文莱达鲁萨兰国联合声明》中提出，中文两国将进一步深化经贸投资合作，落实好双方签署的加强基础设施领域合作的谅解备忘录，推动恒逸文莱大摩拉岛石化项目合作安全顺利开展，进一步推进"广西—文莱经济走廊"

表 3-48　　　　　文莱中国因素维度子指标数据

	"一带一路"协议	BIT	双边货币互换协定	中国出口依存度（%）	中国进口依存度（%）	中国投资依存度（亿美元）	中国不良投资程度
2018 年评估	—	0	—	4.71	19.12	4110	0
2019 年评估	0	100	0	4.83	20.80	4110	0

建设，加强在农业、清真食品、水产养殖等领域的交流与技术合作。

Ⅲ. 也门共和国

也门共和国的中国因素维度排名下降42位，是下降幅度最大的国家。七个子指标中，也门共和国对华出口依存度和进口依存度均出现大幅度下降。截至2019年1月1日，也门共和国尚未与中国签订"一带一路"相关合作协议和双边互换协定，所以也门共和国的排名下降幅度进一步加大。同时，没有公开资料显示2018年中国对也门共和国有直接投资。

表3-49　　　　也门共和国中国因素维度子指标数据

	"一带一路"协议	BIT	双边货币互换协定	中国出口依存度（%）	中国进口依存度（%）	中国投资依存度（亿美元）	中国不良投资程度
2018年评估	—	100		32.56	25.75	1710	
2019年评估	0	100	0	1.37	10.78	1710	—

5. 能源因素

在2019年评估中，伊拉克能源因素得分最高，居于"一带一路"沿线国家第一位，沙特阿拉伯和伊朗居于第二、第三位。与2018年评估结果相比，可以发现"一带一路"沿线国家的排名和得分情况没有发生较大的变动。通过分析得分较高和较低国家的情况可以看出，国家的政治层面因素和经济层面因素以及社会层面影响都很难影响这些国家的能源状况。从区域分布上来看，中东国家、中亚国家和俄罗斯在能源方面有着得天独厚的优势；而独联体部分国家、中东欧部分国家和南亚岛国在能源方面的优势不明显。

（1）典型国家评估分析

能源风险维度评分前三名和末三名的国家作为典型国家进行评估。经过能源维度风险各个子指标的数据计算后，位于能源风险维度评分前三名的国家为：伊拉克、沙特阿拉伯、伊朗；位于能源风险维度评分后三名的国家为：马尔代夫、巴勒斯坦、黑山。

表3-50　　　　　　　　能源风险维度得分排名情况

排名	国家	得分	排名	国家	得分
1	伊拉克	89.94	33	塞尔维亚	52.09
2	沙特阿拉伯	81.31	34	波黑	51.96
3	伊朗	81.29	35	格鲁吉亚	51.81
4	哈萨克斯坦	80.65	36	克罗地亚	50.94
5	俄罗斯	79.86	37	约旦	49.78
6	阿联酋	78.31	38	新加坡	45.97
7	科威特	76.14	39	泰国	43.68
8	阿曼	70.81	40	塔吉克斯坦	42.77
9	文莱	70.78	41	以色列	39.43
10	土库曼斯坦	69.68	41	斯里兰卡	38.57
11	越南	67.29	43	捷克共和国	37.65
12	叙利亚	66.32	44	柬埔寨	35.36
13	也门共和国	65.65	45	阿尔巴尼亚	34.29

续表

排名	国家	得分	排名	国家	得分
14	印度尼西亚	65.33	46	巴林	33.58
15	印度	64.91	47	保加利亚	33.06
16	罗马尼亚	64.35	48	尼泊尔	31.71
17	埃及	63.97	49	东帝汶	31.48
18	乌兹别克斯坦	62.03	50	斯洛伐克	29.94
19	卡塔尔	61.11	51	匈牙利	29.49
20	马来西亚	60.68	52	立陶宛	28.76
21	菲律宾	60.63	53	不丹	27.96
22	阿塞拜疆	60.35	54	爱沙尼亚	27.79
23	巴基斯坦	59.00	55	斯洛文尼亚	27.50
24	土耳其	57.86	56	拉脱维亚	26.25
25	乌克兰	57.79	57	亚美尼亚	25.33
26	吉尔吉斯斯坦	57.26	58	阿富汗	24.90
27	波兰	56.35	59	北马其顿	23.76
28	缅甸	56.10	60	黎巴嫩	22.11
29	老挝	55.31	61	摩尔多瓦	20.80
30	白俄罗斯	53.82	62	黑山	19.40
31	孟加拉国	52.83	63	巴勒斯坦	19.21
32	蒙古国	52.49	64	马尔代夫	0.00

Ⅰ. 伊拉克

伊拉克在本次能源风险维度评估中排名首位，与2018年排名保持一致。六个子指标的单项排名在所有"一带一路"国家中都非常靠前。其中中国能源投资重视程度和能源禀赋程度的良好表现对其排名的保持至关重要。

伊拉克位于波斯湾沿岸，是世界重要的石油输出国，对世界能源的安全性起着至关重要的作用。2018

年伊拉克探明石油储量有小幅上涨,说明其能源禀赋程度良好,这对本国过去一年的能源风险排名做出了巨大贡献。此外,其丰富的石油储量与中国市场对石油的旺盛需求为两国能源领域的合作奠定了基础,因此中国对伊拉克能源方面的投资保持强劲势头,中国能源投资占比排名随之上升。

表 3-51　　　　　伊拉克能源风险维度子指标排名

	中国能源投资量	中国能源投资重视度	能源贸易依存度	能源贸易程度	能源禀赋程度	能源富余程度
2018 年评估	5	5	1	6	3	4
2019 年评估	5	4	2	9	3	8

Ⅱ. 沙特阿拉伯

沙特阿拉伯在 2019 年能源风险维度评估中排名第二,与 2018 年排名相比上升了两位,超过伊朗和哈萨克斯坦。说明沙特阿拉伯在能源方面确实有优势地位,而且整体呈现良好发展趋势。各项子指标中,中国能源投资重视程度、能源禀赋程度和能源贸易程度的良好表现是其排名上升的主要因素。

沙特阿拉伯作为海湾重要国家,丰富的石油储量使其能源禀赋程度首屈一指,而中国作为世界上最大的石油进口国,中国与沙特阿拉伯之间的合作前景可以说非常广阔。过去一年,中国与沙特阿拉伯两国在能源领域达成多项共识,这为两国开展能源合作创造了条件。中国在2018年加大了对沙特阿拉伯能源方面的投资,中国能源投资重视程度的上升更加说明了两国在能源领域的合作非常具有潜力。

表3–52　　　　沙特阿拉伯能源风险维度子指标排名

	中国能源投资量	中国能源投资重视度	能源贸易依存度	能源贸易程度	能源禀赋程度	能源富余程度
2018年评估	10	34	9	9	1	10
2019年评估	12	31	8	6	1	10

Ⅲ. 伊朗

伊朗在2019年能源风险维度评估中排名第三,较2018年评估结果下降一位,仅次于伊拉克和沙特阿拉伯,整体呈现良好的发展势头。其中,能源禀赋程度排名位居第二位。

伊朗作为石油输出国组织的重要成员之一,经济发展以石油开采及贸易为主,石油成为本国的经济命脉。2018年,中国约占伊朗石油出口量的四分之一,而中国的石油需求仍在稳步增长。受伊核协定的影响,2018年中国在伊朗的能源投资出现回落,包括美国对伊朗重启制裁在内的诸多因素使得中国对伊朗能源领域的投资风险在未来有增加可能。

表 3-53　　伊朗能源风险维度子指标排名

	中国能源投资量	中国能源投资重视度	能源贸易依存度	能源贸易程度	能源禀赋程度	能源富余程度
2018 年评估	9	17	11	14	2	3
2019 年评估	14	30	11	9	2	7

Ⅳ. 马尔代夫

马尔代夫在 2019 年能源风险维度评估中排名倒数第一，和 2018 年排名相同。中国能源投资量、中国能源投资重视度、能源贸易依存度、能源贸易程度均在"一带一路"沿线国家之末。

表 3-54　　马尔代夫能源风险维度子指标排名

	中国能源投资量	中国能源投资重视度	能源贸易依存度	能源贸易程度	能源禀赋程度	能源富余程度
2018 年评估	45	45	62	64	45	45
2019 年评估	47	47	64	64	44	44

Ⅴ. 巴勒斯坦

巴勒斯坦在 2019 年能源风险维度评估中排名倒数第二，和 2018 年排名相同。能源贸易程度从第 63 名上升至第 33 名，这同巴勒斯坦能源贸易有所增加密不可分。其他子指标变化幅度则较小。

巴勒斯坦的能源禀赋程度和能源富余程度在"一

带一路"沿线国家能源评估中排名不高。中国能源投资量和中国能源投资重视度也相对偏低。近年来巴以冲突不断,这也极大地影响了巴勒斯坦的能源贸易。但是值得注意的是,在太阳能发电等清洁能源领域,巴勒斯坦潜力巨大。

表3-55　　　　　巴勒斯坦能源风险维度子指标排名

	中国能源投资量	中国能源投资重视度	能源贸易依存度	能源贸易程度	能源禀赋程度	能源富余程度
2018年评估	45	45	58	63	45	45
2019年评估	47	47	59	33	44	44

Ⅵ. 黑山

黑山在2019年能源风险维度评估中排名倒数第三,同2018年报告相比下降了7名。其中能源贸易程度在本次评估中下降幅度较大,下降了21名。由此可以看出黑山在能源贸易程度方面不稳定。其他子指标变化幅度微小。

黑山支柱产业是旅游业和制造工业。虽然森林和水利资源丰富,铝、煤等储存资源丰富,但是其能源结构相对单一,能源禀赋程度和能源富余程度均处于较低水平。

表 3-56　　黑山能源风险维度子指标排名

	中国能源投资量	中国能源投资重视度	能源贸易依存度	能源贸易程度	能源禀赋程度	能源富余程度
2018 年评估	45	45	26	41	45	45
2019 年评估	47	47	27	62	44	44

（2）排名变化分析

与 2018 年评估结果相比，在能源维度 26 国排名上升、21 国排名下降、17 国排名不变。总体变化明显，14 个国家排名波动超过或等于 5 位。其中，伊拉克能源状况优势最为明显，居于"一带一路"沿线国家第一位。马尔代夫是 64 国中能源维度分数最低的国家，这和 2018 年的评估结果相一致。

表 3-57　　能源风险维度排名变化情况

区域名称	国别与排名变化（-：排名下降）
蒙古国	蒙古国（-7）
俄罗斯	俄罗斯（0）
东南亚 11 国	东帝汶（-1）、泰国（0）、缅甸（0）、菲律宾（1）、马来西亚（0）、新加坡（2）、文莱（0）、柬埔寨（2）、老挝（3）、印度尼西亚（-4）、越南（4）
独联体其他 6 国	摩尔多瓦（0）、乌克兰（-1）、亚美尼亚（1）、格鲁吉亚（0）、阿塞拜疆（-6）、白俄罗斯（3）
南亚 8 国	马尔代夫（0）、印度（-1）、阿富汗（-22）、尼泊尔（-6）、不丹（10）、孟加拉国（0）、斯里兰卡（1）、巴基斯坦（-2）
西亚北非 16 国	土耳其（2）、阿曼（4）、科威特（0）、阿联酋（0）、埃及（-4）、伊朗（0）、以色列（6）、伊拉克（0）、卡塔尔（-8）、约旦（1）、巴林（-5）、也门共和国（10）、沙特阿拉伯（2）、黎巴嫩（2）、巴勒斯坦（-3）、叙利亚（7）

续表

区域名称	国别与排名变化（-：排名下降）
中东欧16国	北马其顿（0）、爱沙尼亚（-1）、阿尔巴尼亚（-1）、捷克共和国（2）、拉脱维亚（1）、斯洛伐克（0）、斯洛文尼亚（-1）、克罗地亚（15）、波兰（0）、罗马尼亚（1）、波黑（-5）、匈牙利（5）、黑山（-10）、保加利亚（2）、塞尔维亚（1）、立陶宛（3）
中亚5国	吉尔吉斯斯坦（4）、哈萨克斯坦（-2）、塔吉克斯坦（-3）、土库曼斯坦（-2）、乌兹别克斯坦（0）

从表3-57中可以看出，"一带一路"地区中东欧16个国家排名升降趋势相对明显，克罗地亚与黑山两个国家的评估结果波动相对较大，排名分别上升了15名和下降了10名。东南亚11国中，4个国家能源维度排名与2018年相一致，越南排名上升4位。南亚8国中，有4个国家的能源维度排名下降，阿富汗和尼泊尔两国排名下降均超过5名。西亚北非16国能源维度排名变化显著，过半数的国家能源维度排名还是出现上升态势，尤其是也门共和国，其排名上升了10位。中亚5国能源维度排名变化明显，除吉尔吉斯斯坦排名上升4位，其他4个国家的排名呈负变化或不变。

能源维度排名变化选取排名正变化最大的前两个国家和排名负变化最大的一个国家作为典型国家分析。其中排名正变化最大的前三位国家分别是克罗地亚和不丹、也门共和国，此处不丹和也门共和国排名变化相同，只分析也门共和国；排名负变化最大的国家是阿富汗。

Ⅰ. 克罗地亚

克罗地亚在2019年评估中，在能源维度评分排名增幅位居第一位，增幅为15名。克罗地亚的能源禀赋程度同2018年相比没有变化，能源贸易依存度和能源富余程度有所下降，能源贸易程度增长显著。

克罗地亚近年来经济发展势头良好，能源贸易程度增长显著。

表3-58　　　　　克罗地亚能源风险维度子指标数据

	中国能源投资量（百万美元）	中国能源投资重视度（%）	能源贸易依存度（%）	能源贸易程度（%）	能源禀赋程度（十亿桶）	能源富余程度（%）
2018年评估	0	0	0.09	-0.0271	0.071	10.19
2019年评估	2200	0.32	0.11	-0.0292	0.071	10.19

Ⅱ. 也门共和国

也门共和国在2019年报告中，能源维度评分排名增幅位居第二位，增幅为10名。各子指标中，能源贸易程度和能源富余程度变化明显，影响较大；其余各项指标变化不明显。

也门共和国具有丰富的石油资源，其经济发展也主要依赖石油出口。自2015年以来，也门共和国内战一直持续，武装冲突让其局势更加混乱，严重影响了也门共和国的能源开发和对外贸易。

表 3-59　　也门能源风险维度评分子指标数据

	中国能源投资量（百万美元）	中国能源投资重视度（%）	能源贸易依存度（%）	能源贸易程度（%）	能源禀赋程度（十亿桶）	能源富余程度（%）
2018 年评估	470	0.27	0.24	-0.0585	4	373.60
2019 年评估	470	0.27	0.24	-0.0128	4	655.68

Ⅲ. 阿富汗

阿富汗在能源维度排名中下降了22名，是"一带一路"沿线64个国家中下降幅度最大的国家。就各项指标来看，阿富汗的2019年能源各维度评估都呈下降趋势。其中，能源贸易程度指标得分的下降是其排名下降的主要原因。

阿富汗总体来说能源稀缺，且开发程度十分有限。进入2018年，随着阿富汗国内局势的不确定因素增多，中国减少了对阿富汗能源领域的投资。2018年，随着阿富汗国内矿产能源贸易差额的不断增加，其能源贸易程度大幅下降，这直接对阿富汗的能源风险维度排名造成很大的影响。

表 3-60　　阿富汗能源风险维度子指标数据

	中国能源投资量（百万美元）	中国能源投资重视度（%）	能源贸易依存度（%）	能源贸易程度（%）	能源禀赋程度（十亿桶）	能源富余程度（%）
2018 年评估	400	0.11	0.08	-0.0504	400	—
2019 年评估	400	0.11	0.07	-0.0378	400	—

6. 环境风险

环境风险主要由环境表现、排放目标和治理水平三方面的指标进行衡量，短期内很难有较大波动。与 2018 年评估结果相比，2019 年"一带一路"沿线国家在环境风险评估层面整体变化较小。15 个国家环境维度排名仅波动 1 名或不变，81.3% 的国家环境维度排名在前进或后退 5 名（含 5 名）以内浮动，98.4% 的国家环境维度排名在前进或后退 10 名（含 10 名）以内浮动。

从区域分布来看，评估结果与地理位置具有相关性。总体来说，"一带一路"沿线范围内各国环境风险程度基本呈沿西北向东南增加的分布情况，其中中东欧和独联体国家环境维度得分较高，中亚、东南亚国家次之，而南亚和西亚北非国家排名较差。2019 年报告中排名前十的国家里中东欧国家占 7 个、独联体国家占 2 个，且绝大部分中东欧国家环境维度排名皆在前 50%；排名前十的国家中仅有 1 个东南亚国家，而南亚国家排名最前的仅为 30 名，倒数十名的国家中南亚国家则占到 7 个，西亚北非国家占 3 个。

环境风险的分布情况与国家在经济、社会、能源等其他维度上的表现紧密相关。欧洲国家发展水平较高，大多是发达国家，具有较好的经济社会基础，经历过较为完整的环境问题出现和处理阶段。"一带一路"沿线上多数亚洲国家属于发展中国家,正处于工业化进程中,经济发展相较于环境保护具有更高的紧迫性,国家环境保护意识薄弱,政府的环境治理决心、水平也较低。

表3-61　　　　　　环境风险维度得分排名情况

排名	国家	得分	排名	国家	得分
1	亚美尼亚	90.00	33	吉尔吉斯斯坦	75.62
2	黑山	87.17	34	塔吉克斯坦	75.54
3	阿塞拜疆	87.15	35	卡塔尔	74.89
4	斯洛文尼亚	86.24	36	马来西亚	74.71
5	拉脱维亚	85.81	37	阿联酋	72.65
6	立陶宛	85.57	38	阿曼	72.50
7	北马其顿	85.33	39	哈萨克斯坦	71.80
8	克罗地亚	84.61	40	科威特	70.31
9	爱沙尼亚	84.46	41	沙特阿拉伯	70.24
10	新加坡	82.56	41	波黑	69.32
11	阿尔巴尼亚	82.11	43	乌兹别克斯坦	69.19
12	保加利亚	82.08	44	乌克兰	68.65
13	白俄罗斯	81.89	45	土耳其	68.17
14	斯洛伐克	81.84	46	伊拉克	66.56
15	巴林	81.70	47	越南	64.69
16	以色列	81.25	48	缅甸	63.79
17	塞尔维亚	81.02	49	伊朗	63.62
18	文莱	80.98	50	柬埔寨	63.16
19	罗马尼亚	80.83	51	摩尔多瓦	62.00
20	俄罗斯	80.55	52	印度尼西亚	61.74
21	捷克共和国	80.45	53	东帝汶	59.69

续表

排名	国家	得分	排名	国家	得分
22	匈牙利	80.30	54	老挝	58.33
23	黎巴嫩	79.10	55	尼泊尔	58.01
24	约旦	79.07	56	孟加拉国	56.94
25	格鲁吉亚	78.58	57	巴基斯坦	56.17
26	菲律宾	77.52	58	不丹	52.60
27	泰国	77.45	59	印度	50.19
28	埃及	77.08	60	马尔代夫	48.85
29	蒙古国	76.70	61	阿富汗	47.16
30	斯里兰卡	76.23	62	也门共和国	39.05
31	土库曼斯坦	75.91	63	叙利亚	37.17
32	波兰	75.85	64	巴勒斯坦	22.76

（1）典型国家评估分析

报告选取了环境维度评分前三名和末三名的国家作为典型国家进行评估。经过环境维度各子指标的数据计算后，位于环境维度评分前三名的国家为亚美尼亚、黑山和阿塞拜疆；位于环境维度评分后三名的国家为巴勒斯坦、叙利亚和也门共和国。

Ⅰ．亚美尼亚

亚美尼亚连续两年为环境维度的第一名。五项子指标中，排放水平和气候目标这两项相较2018年报告排名没有变化，排放增长、能源效率、环境治理水平这三项有一定变化。亚美尼亚二氧化碳排放增长速度较缓、名次上升，能源效率和环境治理水平方面稍有下滑。

亚美尼亚人均能源消费及碳排放水平较低，整体环境治理水平较高，在生物多样性、森林覆盖率等指标上排名靠前，且空气质量较好。然而亚美尼亚石油、天然气等化石资源稀缺，能源消费依赖进口，在能源利用方面效率较低，国内水能、风能、太阳能、核能等新能源开发潜力仍然有待挖掘。

表 3－62　　　　　亚美尼亚环境风险维度子指标排名

	总排名	排放水平	排放增长	能源效率	气候目标	环境治理水平
2018 年评估	1	10	6	40	4	15
2019 年评估	1	10	4	46	4	17

Ⅱ. 黑山

黑山以总分 87.17 分排名第二位。五项子指标中，黑山各项指标得分均位居前列。其中，二氧化碳排放水平及其排放增长的分指标排名位居前列，环境治理水平整体较好。近几年黑山政府大力发展旅游业，重视对生态环境的良好改造，整体环境质量有所提升。

表 3－63　　　　　黑山环境风险维度子指标排名

	总排名	排放水平	排放增长	能源效率	气候目标	环境治理水平
2018 年评估	4	7	2	16	38	18
2019 年评估	2	9	1	16	38	18

Ⅲ. 阿塞拜疆

阿塞拜疆排名第三位。从分指标来看，阿塞拜疆气候目标和环境治理水平的排名较为靠前。由于政府高度重视环境问题，先后立法并建立国家自然保护区，使得阿塞拜疆成为环境治理水平较高的国家。然而，由于石油产量的日益增多，该国石油工业迅速发展带来的人口和环境问题也日益严重，碳排放显著增加，影响了其最终得分。

表 3-64　　阿塞拜疆环境风险维度子指标排名

	总排名	排放水平	排放增长	能源效率	气候目标	环境治理水平
2018 年评估	2	45	29	21	4	10
2019 年评估	3	48	25	21	4	16

Ⅳ. 巴勒斯坦

巴勒斯坦以总分 22.76 分排名倒数第一位，与 2018 年评估结果相比没有变化。尽管由于碳排放水平的相对转好，使得巴勒斯坦环境维度总分比 2018 年稍有上升，但整体各个子指标排名还是位居 64 国的倒数。由于巴勒斯坦在排放增长、能源效率和环境治理水平上的大面积数据缺失，其整体环境维度得分及排名受到了较大影响。

表3-65　　　　　巴勒斯坦环境风险维度子指标排名

	总排名	排放水平	排放增长	能源效率	气候目标	环境治理水平
2018年评估	64	61	60	60	4	62
2019年评估	64	58	60	60	4	62

Ⅴ. 叙利亚

2019年报告中叙利亚环境维度得分排名居倒数第二位。由于长年的战乱，叙利亚政府对环境的治理几乎没有显著的进步，而二氧化碳排放量的相对增加、战乱消耗的能源资源量显著上升，导致叙利亚能源效率出现大幅度下降，拉低了最终得分。

表3-66　　　　　叙利亚环境风险维度子指标排名

	总排名	排放水平	排放增长	能源效率	气候目标	环境治理水平
2018年评估	62	39	19	9	4	62
2019年评估	63	40	20	51	4	62

Ⅵ. 也门共和国

也门共和国以39.05分排名倒数第三位。长年战乱导致也门共和国经济发展严重落后，人口的迁出和工业的发展停滞导致人均碳排放和单位GDP人均一次能源供给都很低，故而排放水平、排放增长和能源效率的分指标排名并不很靠后。然而，也门共和国整体环境治理水平较差,改善进程停滞,2019年的评估结果排名在倒数第三位。

表3-67　　　　也门共和国环境风险维度子指标排名

	总排名	排放水平	排放增长	能源效率	气候目标	环境治理水平
2018年评估	63	25	20	4	44	62
2019年评估	62	30	13	1	44	62

(2) 排名变化分析

与2018年报告相比,环境维度中33国排名上升、25国排名下降,6国排名不变,整体名次变化幅度较小。其中,亚美尼亚环境维度排名与2018年评估相同,仍居第一位;阿富汗、也门共和国、叙利亚和巴勒斯坦四国仍居倒数后四位。文莱和阿尔巴尼亚环境维度排名上升最快,分别上升10名和8名;乌克兰、匈牙利环境维度排名下降最多,分别下降13名和10名。

表3-68　　　　环境风险维度排名变化情况

区域名称	国别与排名变化(-:排名下降)
蒙古国	蒙古国(6)
俄罗斯	俄罗斯(-4)
东南亚11国	东帝汶(2)、泰国(-4)、缅甸(3)、菲律宾(-5)、马来西亚(-2)、新加坡(-4)、文莱(10)、柬埔寨(2)、老挝(4)、印度尼西亚(-4)、越南(2)
独联体其他6国	摩尔多瓦(-5)、乌克兰(-13)、亚美尼亚(0)、格鲁吉亚(5)、阿塞拜疆(-1)、白俄罗斯(0)

续表

区域名称	国别与排名变化（-：排名下降）
南亚 8 国	马尔代夫（-6）、印度（0）、阿富汗（0）、尼泊尔（-2）、不丹（2）、孟加拉国（1）、斯里兰卡（3）、巴基斯坦（-1）
西亚北非 16 国	土耳其（0）、阿曼（5）、科威特（2）、阿联酋（3）、埃及（4）、伊朗（1）、以色列（4）、伊拉克（-2）、卡塔尔（2）、约旦（2）、巴林（3）、也门共和国（1）、沙特阿拉伯（6）、黎巴嫩（4）、巴勒斯坦（0）、叙利亚（-1）
中东欧 16 国	北马其顿（2）、爱沙尼亚（-6）、阿尔巴尼亚（8）、捷克共和国（-4）、拉脱维亚（3）、斯洛伐克（1）、斯洛文尼亚（1）、克罗地亚（-1）、波兰（-3）、罗马尼亚（-8）、波黑（-3）、匈牙利（-10）、黑山（2）、保加利亚（2）、塞尔维亚（5）、立陶宛（4）
中亚 5 国	吉尔吉斯斯坦（-8）、哈萨克斯坦（-3）、塔吉克斯坦（-10）、土库曼斯坦（7）、乌兹别克斯坦（-2）

从表 3-68 中可以看出，在环境维度得分中，东南亚、中东欧和中亚国家排名升降趋势相对明显，东南亚和中东欧国家内部变化差异较大，东南亚的文莱、中东欧的阿尔巴尼亚和塞尔维亚等国名次上升较大，分别为 10 名、8 名和 5 名。独联体中乌克兰名次下降最大，为 13 名，格鲁吉亚名次上升较多，为 5 名。西亚北非国家整体排名有上升趋势，其中沙特阿拉伯、阿曼、埃及等国名次上升较大。

Ⅰ. 文莱

文莱的环境维度排名上升了 10 名，是排名上升幅度最大的国家。从表 3-69 可以看出，文莱在 2017 年主要显著提高了能源使用效率和环境治理水平。文莱空气质量较好、水资源及环境卫生状况较优、生物多样性处于中上游水平。近几年，油气大量开采导致了文莱的资源紧张，因此文莱政府出台法律法规提高能源使用效率，鼓励绿色科技在能源方面的应用。

表3-69　　　　　文莱环境风险维度子指标数据

	总分	排放水平	排放增长	能源效率	气候目标	环境治理水平
2018年评估	75.18	56.25	90.49	60.48	60.87	67.86
2019年评估	80.98	52.87	90.49	70.31	60.87	72.60

Ⅱ. 阿尔巴尼亚

阿尔巴尼亚排名上升8名，成为上升幅度第二的国家。从表3-70可以看出，阿尔巴尼亚的碳排放情况、能源效率和环境治理水平的得分都稳定增长。尤其需要指出的是，阿尔巴尼亚以优美的生态环境风光优势大力发展旅游业，政府积极应对环境问题，改善环境质量。因此，阿尔巴尼亚的环境维度排名上升较大。

表3-70　　　　阿尔巴尼亚环境风险维度子指标数据

	总分	排放水平	排放增长	能源效率	气候目标	环境治理水平
2018年评估	77.59	68.63	60.01	65.99	60.87	74.38
2019年评估	82.11	62.38	61.49	66.27	60.87	79.02

Ⅲ. 乌克兰

乌克兰环境维度排名下降了13名，是排名下降最多的国家。从五个子指标来看，乌克兰除了排放增长得分有小幅上升、气候目标得分没有变化，其余三个指标得分都有下滑。由于乌克兰与俄罗斯冲突局势升级，影响了乌克兰政府对环境的治理，且能源供应的不稳定性和不确定性一定程度上增加了能源成本、降低了能源使用效率。因此，乌克兰的排名下滑幅度最大。

表3-71　　　　　　乌克兰环境风险维度子指标数据

	总分	排放水平	排放增长	能源效率	气候目标	环境治理水平
2018年评估	72.77	55.57	42.98	34.57	69.57	79.69
2019年评估	68.65	49.89	46.04	33.34	69.57	73.26

刘旭，中国人民大学国际关系学院讲师、中国人民大学国家发展与战略研究院研究员、国际能源战略研究中心执行主任。《全球能源新闻索引》主编和《中国能源国际合作报告》副主编。主要研究领域包括国际能源合作、俄罗斯东欧中亚地区能源政策、转型经济。在中、英、俄、日等语言的学术刊物上发表文章数十篇。